留学正能量

STUDYING THE POSITIVE ENERGY

——英国留学一本通

秋野玉茜　编著

中国人民大学出版社
·北京·

图书在版编目(CIP)数据

留学正能量——英国留学一本通 / 秋野玉茜编著. —北京：中国人民大学出版社，2013.7
ISBN 978-7-300-17718-2

Ⅰ.①留… Ⅱ.①秋… Ⅲ.①留学教育-概况-英国 ②高等学校-介绍-英国 Ⅳ.①G649.561

中国版本图书馆CIP数据核字（2013）第140506号

留学正能量——英国留学一本通

秋野玉茜　编著

Liuxue Zheng Nengliang—Yingguo Liuxue Yibentong

出版发行	中国人民大学出版社		
社　　址	北京中关村大街31号	**邮政编码**	100080
电　　话	010-62511242（总编室）		010-62511770（质管部）
	010-82501766（邮购部）		010-62514148（门市部）
	010-62515195（发行公司）		010-62515275（盗版举报）
网　　址	http://www.crup.com.cn		
经　　销	新华书店		
印　　刷	固安县铭成印刷有限公司		
开　　本	720mm × 1000mm　1/16	**版　　次**	2013年7月第1版
印　　张	14.25	**印　　次**	2024年6月第2次印刷
字　　数	175 000	**定　　价**	38.00元

养心殿里正能量

玉茜和她的哈佛女孩

提起玉茜，很多人都听说过《放养女孩上哈佛》这本书。是的，这确实是一部传奇经历，但是只是玉茜故事之一。还有很多更让人叹为观止的案例。让学生蓬勃向上、积极进取，这便是学习的动力；有了动力，可以享受学习的乐趣，取得满意的成绩；之后，找到合适的学校、合适的专业，学有所成；最终，可以施展才能，实现人生价值。这样的学生，往往给人感觉“一帆风顺”“轻轻松松”，但实际上，这种规划才颇见功力。

人，走得有多顺利，取决于目光有多远。

长远的、整体的规划，在无形中会形成一种推动力。所以，留学，与其说是单纯的学习，不如说是人生奋斗的一种方式。

人，在社会上能够走多远，取决于这个人内心的温度。

如果，他的热情足够多，他的动力足够强，即使遇到困难，也会有百折不挠的勇气和力量。也许这就是正能量。

英伦梦想

热爱英伦生活的人，其实是在寻觅一种生活品位和一种学习品位。这是一种纯粹的、含着历史气息的执著与专注，会推动你对生活的信赖和对理想的虔诚。这是一种能够在温和空气中感悟学术和享受生活的理想主义浪漫，知识本身就凝聚着温和与湿润，从而浸透你的每一个毛孔，晃动你内心深处每一根血脉。于是你不曾脱离快节奏的现代社会，但是你可以同时牵手深沉与厚重的传统风格。

英伦梦，对理想的一种渴望，对学术的一种追寻。

在英联邦教育体系中，有自己独特的教学体系。这种体系，带着传统的严谨，与现代教育的创新性相结合。

英伦梦，一种浪漫生活的向往，对精神的一种洗涤。

丰富多彩的英国生活，展示着激情与欢乐。

养心殿里的故事

养心殿是一个神话。因为这里有丰富多彩的party。有留学活动，有文化交流，有职业规划，有精英讨论，有修身养性。也就是说，把长远的留学、职业规划，拆成一个个精彩纷呈的活动，用活泼热烈的气氛，去强化某些你不曾熟悉的细节和特点。

正能量是可以传递的。

也希望能够一直传递下去。

吕蕾微信公众号	吕蕾微博	吕蕾抖音号	吕蕾小红书号
lvlei1973	http://weibo.com/lvlei1973	wonderfullei	wonderfullei

吕蕾

留学正能量——UK

我们一直以来都招收最优秀的学生，吸纳最出色的教师队伍并为其提供各种资源和机会。最优秀的师资力量、最优秀的学生齐聚剑桥，并且这二者之间不是简单的教授的关系，应该这么说，剑桥提供了一个环境，让最优秀的思想相互碰撞，这二者是相辅相成的。

——剑桥大学副校长　Ian Lesile

有两种方式来申请剑桥。第一种是通过 EMERSON 体系，学生先要提前参加一些笔试，然后再参加面试。第二种方式是学生直接向学前的相关学院递交申请，我们会有选择地做一些筛选，这个过程要更有难度。我们每年大概会面试 100 名中国学生，面试是在上海，我们分别有 4 个小组来完成面试工作。

——剑桥大学招生主任　Prof. Cardwell

我们也会有学术能力方面的考察。那么在本科生水平上您也提到了一些相关数据和情况，在申请者当中大约有 25% 的学生能够进入牛津，而这个概率还是相当高的。因为许多人已经事先淘汰了自己，我们鼓励大家申请，请不要事先就淘汰自己，让牛津做决定。

——牛津大学国际办公室主任　Heather

我们有比较完善的申请程序，而申请的学生们又有良好的素质和潜力。我们还设置了附加的一系列流程以便选出非常符合条件的学生。在录取检测中涵盖了主要考察的两方面。大约有 75% 的学生会接受检测，检测的内容视所申请学科而定，例如法律方面的专业或是数学专业。申请的下一步就是面试那些成功通过检测的学生。所以我们会面试大量的学生并且期待有更多的学生接受面试。

——牛津大学国际办公室招生副主任　Paul

学生找到好的学校以及好的课程是至关重要的，无论是在英国还是在别的国家。我认为学生要有一个明确的目标，知道自己的动机和知道自己想得到什么。英国的学习机制很有效果，因为它让学生可以在三年内完成本科课程，在一年内完成硕士课程。

——伦敦政治经济学院 LSE 招生主任　Peter Williams

英国教育界有一种“三足鼎立”的说法，认为文科最好的院校是牛津，理科最好的是剑桥，工科则非帝国理工莫属了。尽管帝国理工的历史比牛津、剑桥要短，但从 1907 年建立之初起，它便因为浓厚的皇家背景和雄厚的经费气势夺人，很快跻身世界顶级名校之列，至今已经在此诞生了 18 个诺贝尔奖获得者。而且，帝国理工与许多大公司渊源颇深，产业化程度很高，占有英国全国研究经费的 1/7。作为英国最负盛名的工科院校，和牛津、剑桥一样，帝国理工不仅入学的门槛高，学费也要比其他院校高，有人称之为英国最贵的大学。

——帝国理工 IC 国际办公室主任　Angela Lin

UCL 的建筑学科很强，在欧洲也很强，这方面和中国的合作也非常密切。参加了上海、天津甚至株洲的一些城市的规划项目，城市规划是未来的一个问题，怎样处理人和城市的关系，在节省能源、节省资源方面，利用城市的环境，发挥作用，这里面有一些相互关联的问题，我们做得都很好。

——伦敦大学 UCL 首位华人副校长　郭正晓

通常他们需要有与申请专业相关的学士学位证书。我们不仅会看他们的总体成绩，同时也会看到与申请专业相关的专业课成绩，这些都是比较具体的考察点。在中国的大学，大一学生的学科通常比较分散，但是接下来的三年里，学科就会越来越有侧重点。通常我们需要学生的平均分在80分以上或者GPA不能低于3.25。

——伦敦大学UCL招生主任　Juliet

目录

在最好的时光里，我独自一个人走在那条古朴绚丽的英伦街上。我像一个拾荒者，悄悄收藏起时光的底片，让它变成陈年的私酿，然后在这个阳光明媚的午后，与即将踏上英伦逐梦的你共享。只要你相信自己可以，你就是正能量的化身。

堪称英国留学大黄页，内容不仅涵盖留英学习的部分，包括学校申请、入学报到、在校学习、毕业须知等，也包括出国前准备阶段，行李准备、报关、英镑兑换、英镑携带、资料备份等，同时也包括初抵英国时的入境须知、安排行程等，此外，留英期间健康医疗、安全及防护措施、护照延期、护照丢失等问题也有涉及。

也同时包含了留英生活和求职就业的部分，生活指南部分涵盖了服饰、饮食、住宿、旅游、手机、网络、长途电话、购物、婚姻等几个方面，就业指南部分涵盖了就业信息获取、职业能力培养、国家保险号码、工作求职策略等。

此外，本书独家收录了英国顶尖院校招生主任们亲自揭秘录取招生潜规则，从“掌权者”口中探知录取的真相。如何入读剑桥大学？听家长的？听亲戚的？听中介的？还是直接问招生主任吧！

引言

写在前面的话

Prologue

爱上英伦，爱上生活。

感受正能量，拥抱阳光。

煮上一壶铁观音。让这一杯杯丰厚、醇美、闪烁着金灿灿波纹的茶汤慢慢地流淌到自己的身体里，温暖每一个细胞，让每一寸肌肤都焕发出正能量。在“写在前面的话”这个部分，我要与亲爱的读者分享几个唤醒我正能量的小品文，通过阅读这个关键环节，一来阐述我编著《留学正能量》的原因；更重要的是，与我们无缘谋面的历史巨人或虽生活在现今社会却并不相识的朋友，进行精神的对话，以期在这样的过程中实现正能量的传承！

01 摘掉眼镜，用心看世界，看西方，看东方

如今市面上不乏各类出国考试培训书、出国留学指导书，它们在帮助学生准备出国的过程中起到了重要的作用。《留学正能量》一书主要分为两个部分，第一部分是“你好，正能量（Hello, Positive Energy）”；第二部分是“留英学习生活指南（Live and Study in the UK）”。读者可以在第二部分中找到关于留学英国的学习、生活、就业等各个方面的信息，此外，也独家收录了包括牛津大学、剑桥大学、伦敦大学等英国前十名校招生官访谈录，是揭示英国名校入学的第一手资料。除了上述留学书籍的基本工具类用途之外，我也一直希望能通过此书将多年从事教育工作，以及一个普通小女子从求学到工作再到就业、创业、管理企业过程中的一点思考分享给读者朋友。我想分享的并非“炫技”，而是在这个过程中正能量给予我的帮助，人生的超越，收获的是一种精神力量。

人生的路上，我们确实会遇到许多困境和彷徨，感谢在我人生路上需要提携的时候给予我帮助的人们，起初我是想在本书的前言部分逐一感谢一路上帮助过我的人们，后来发觉要感谢的人实在太多了，所以我选择换一种更有意义的方式感谢他们，那就是祈愿借本书将这“正能量”传递下去，让更多的人感受到爱和温暖。希望每一个读到本书的朋友都能微笑着，享受出国留学这一过程，发展自己的能力，贮藏自己的精力，维护自己的健康，使自己在做任何事的时候都充满正能量。

在这本书里，我不是“老师”，同时，有缘读到这本书的每一位同学，你们也不是“学生”，我们之间的关系不是教与学，而是一种平等的对话。我欢迎你们对我提出质疑，也乐于见到你们带着这样的“质疑”全身心地投入到自己的学习生活中，对我是如此，对包括权威、师长、亲朋在内的任何人都是如此，尊重但不盲从。

正能量，泛指包括荣誉、责任、勇气、自律、爱心等在内的一系列正向价值观为核心的精神。而这股精神也不是谁赐予你的，乃是你与生俱来的，它本身就蕴含在你的体内，只是可能有的时候，因为那“障目的一片树叶”你暂时迷路了。失意的时候，我们需要冷静地思考自己，而不是找各种借口来敷衍自己。更多的是，我们需要一些力量在失意的时候，鼓舞自己，使自己拥有前行的勇气。

很多事情只是当时身临其境时很痛苦，其实回过头来想想也没什么，那些当时你觉得快要了你命的事情，那些你觉得快要撑不过去的境地，都会慢慢好起来。就算再慢，只要你愿意等，它也会成为过去。如果有你暂时不能战胜的、不能克服的、不能容忍的事情，就告诉自己：凡是不能杀死你的，最终都会让你更强大。（What doesn’t kill you makes you stronger.）

比如，出国留学考试就是一个极容易让你感觉到“很痛苦”的过程，少有人会享受这一过程（学习成绩一贯良好卓越的人不在这个范围内）。给大家讲一个过往申请过程中的真实故事，虽然过程悲催到这步田地，结果又如此峰回路转的并不多见，但相信，这个故事折射出的出国留学过程中的“无常”感，对每一个正在准备出国留学的你都有一定的借鉴意义。

那是傍晚时分，我正陪朋友在嘈杂的商场试衣服。

电话响起了，号码是熟悉的，我的一个学生，北京邮电大学的闫同学（这里我只写出学生的学校名，故事是真实的，姓氏是真实的，至于具体名字，出于对当事人的尊重就此省略了），我记起我俩约好，一旦他二次考的托福成绩出来，他就打电话给我。

“你的考试成绩出来了吗，有好消息？”接到电话时，我显得比较高兴。

我跟闫同学认识有一年半了，我一直比较看好他。他的各方面申请条件只是一般，但是我非常喜欢这个孩子，也坚信他出国后，会收获不错的未来。比如他大学四年通过自己的努力赚了6万块钱，经常组织一些学校的活动，这之中也成功地拉到外部的商家进校参与活动……总之，这是一个综合素质非常过硬的学生。

“姐，我现在站在天台上，我想跳下去。”小闫的声音有些颤抖。

我怀疑自己听错了，“你稍等一下，我这里比较吵，我换个安静的地方。”

“姐，我妈妈说，除非我考到世界名校，否则就不给我出国的学费，可是她只认识哈佛、耶鲁、哥伦比亚、牛津、剑桥……以她的视野，她只听过这几所学校，可是你知道的，这对我要求太高了，我觉得我完全达不到，所以我想跳下去。”

“也并非完全没可能啊，你第一次托福就考了90多分，再努力一下，只要成绩达标了，其他的姐帮你啊。”多年的工作经验，我自己也深知以他这样一个普通到不能再普通的条件，申请到他刚刚提到的那些世界名校，基本是希望不大，但是我那时想到的也只是先稳住他。

“是么，那姐你答应我了？”

“嗯，你给我详细解释一下，你妈妈对名校的要求。”

“基本上就是美国前二十，英国前五的样子，再低就不行了。”

我此时记起，之前小闫的父母和伯伯一起到我办公室来过。在来之前，小闫支吾地跟我说，他爸妈可能会挑我的毛病，但是我当时根本没放在心上，家长挑剔一些是值得理解的，我尽量地做好我该做的，把家长心中的疑问都解释清楚就是了。也是从小闫口中得知，这次同行的伯伯是比较有社会地位的，是家里的权威，所以父母拉上伯伯一起来给把把关。在我看来，这是对我，对我工作，更是对孩子小闫的重视。我很高兴。

起初是嫌我的办公室规模比较小，好吧，我承认，我的办公室的确是小，但是因为我每年亲手操作的学生也只有几十个而已，大多也都是因为口碑（朋友介绍，微博，或是媒体的专栏读者等）才找到我，所以很抱歉我目前没有财力租用较大办公室，如果您因为这个拒绝我，我也没法争辩。后来，又怀疑我操作过的学生大多申请到了世界名校的真实性，要我把过往的申请 offer（录取通知书）拿给他们看，三个人一起专注地看了半个多小时。也是小闫后来告诉我，他们不懂英文（因为海外名校的录取通知书基本上没有一个中文字），也就是说他们什么也没看懂（我那时还是安慰小闫，也许至少他们认识 Oxford,Cambridge,LSE and so on……也说不准）。

小闫为家人的“挑剔”显得颇为“尴尬”，但是我却不那样想，我觉得这反而是体现了一个母亲对孩子的负责任，和关怀备至，否则他们也不会大老远兴师动众地跑这一趟，更加不会在走遍了北京的大大小小的留学中介公司后，又辗转选择我这个小小留学工作室。

电话那头的小闫，一个大男孩抽泣的声音，把我从回忆中拉回来，“我很怀疑，妈妈她是不是爱我，她为什么老是逼我，什么也不懂……”

“你听我说，你试着在你妈妈的角度考虑一下，或许她只是借此‘逼’你这一下，希望你能考个好成绩，在她心目中，儿子是最优秀的。你在我眼中，也比很多中国小孩子都优秀，我很看好你，我看好你的未来，因为你有不错的能力，我相信你会做出一番事业的。”

“嗯，我自己也是那么认为的，我知道我比其他人强，我是强在社会能

力上，所以我一定可以收获不错的未来，可是眼下，我就觉得自己过不去了……”

“我们姑且做一个最坏的打算，比如你最终没有出国，也不会怎样……”

电话那头的小闫疯狂地叫起来，“不可以，不可以！那一定不可以！”

我意识到这个时候不能把话题往那个方向引，“是啊，你自己都说不可以了，那你还不开始努力么，你有没有努力啊，有没有用尽全力啊？还不快回去复习，站在天台上浪费时间。”

“姐，我知道你是想把我骗下天台，不过你放心，我没事了，我也不会跳下去。我只是忽然有点神经崩溃，所以就给你打电话了。我有努力，我每天都特别努力。”

我知道小闫没有骗我，他一定特别努力，我记得上次我俩分开时，这些日子他连给我的电话都少了，我能感觉到那是他在全力地准备考试，“嗯，那就好。”

亲爱的读者们，你们知道接下来的事情是如何发展的么？小闫前后共经历了四次托福考试，分别是 92 分，100 分，104 分，111 分，最后的 111 分是在他所有的成绩都达标后，几乎是在毫无压力的情况下自己偷偷考了一次。但是最戏剧化的部分是小闫的 GRE 成绩，第一次考因为成绩过高，而被 ETS 把成绩取消了。

“Chris, 你知道吗，这真是太惨了，昨晚闫刚把所有的申请资料都上传到网上，也就是说他刚刚按下了 ENTER 键后，他就被通知成绩取消了。”同事唐娜清早给我电话。

我第一时间是骂脏话，然后就开始紧张，“奇怪，这小子不会想不开吧，而且为什么不是他第一时间通知我，而是我的同事，不会出事吧。”

唐娜，“你别担心，小闫一大早就到办公室了，现在正在会议室里等你，我跟你说，你当着他的面可别骂脏话，你都这么不冷静，你让他怎么办，哎，太惨了！”

“好的，我知道了，我会控制情绪。”

因为“考试成绩过高”而被取消成绩，这也不是什么稀罕的事情。这是属于出国留学考试的BUG（漏洞），考试方每隔一段时间会更换题库，所以在临近更换题库的时候极有可能遇到跟之前几次考试重复的题目，运气好的会碰到一些，“运气过好”又非常努力把绝大多数的题目都答对的话，极有可能被取消成绩。

好在小闫的第三次GRE成绩不但成绩不低，而且没有被取消，总之是个可以拿来用的成绩。结果是小闫申请到了美国的哥伦比亚大学数学金融专业。

“你妈妈对申请结果满意吗？”

“满意，很满意！哥伦比亚大学是我妈妈听说过的大学。我妈妈还说要专程过来感谢您和您的同事们呢。”

“感谢谈不上，都是我们应该做的，而且你的申请结果能这么好，实话说也是出乎我的意料，可能是你小子历经了太多挫折不气馁，老天奖励你的吧。你出国之前到我办公室来一趟，今年有几个学生都申请到了哥伦比亚大学，我想介绍你们认识一下，出国后彼此也能有个照应。”

“是啊，我可以过去成立个哥伦比亚中国学生社团……”

“哈哈哈，我猜到了，你会这么说！”

凡是不能杀死你的，最终都会让你更强大。（What doesn't kill you makes you stronger.）

放下障目的那一片树叶，试图尽量地去接近、去了解大洋彼岸的另一面，确是我们可以做的。宗萨钦哲仁波切在《佛教的见地与修道》中说：“你的心一直毫无选择地吸收各种影响力，在你毫不知情的情况下，这些内化的影响成了你的想法、感觉和信仰。”用自己的眼看，我们所做的每个评判，都可能是戴着有色眼镜观察的结果，只是我们往往意识不到眼镜的存在。摘掉眼镜，用心看世界，看西方，看东方。

不同的父母对成功有不同的理解。他们希望自己的孩子成为有成就的人士。比如，家长希望孩子拥有社会地位较高的职业——医生、律师、科学家，所以需要有高分才能进入医学院、法学院以及选修哲学博士课程。这里我不得不提醒这些父母一句，社会地位较高的职业并不等于收入较高的职业。当然金钱不是一切，还有更高的职业目标。但是很多父母并不是出于更高的职业目标考虑，而仅仅是出于这份职业的收入不菲，可以确保衣食无忧的生活。所以，对于这样的父母，在给孩子合理的职业规划建议之前，你有必要知道：刻苦学习≠考试好成绩≠名校录取≠有“钱途”的工作≠幸福生活，即有高收入并不一定能在经济上独立自主。拥有地位高的职业，并非都能有高收入，因为许多人是被迫在这些职业上耗费精力的。

对另一些父母而言，若能告诉他们的朋友、亲戚、邻居，我的女儿在剑桥念书，我的儿子在清华念书，那是件非常重要的事。我称之为名校迷。（你强迫孩子考取名校，除了为他好，是不是也可能因为要满足你的虚荣？）父母觉得要提高自己的身份，就需要培养出能够获得高分，被名校录取的子女。我们很难解释获得经济成功的原因，但有一点我可以肯定：中学和大学的学习成绩并不是解释世人财富多寡的原因。

唯名校论，这何尝不是一种典型的权利利用性的养育模式——我养育你，是为了让你为我争光，让我不再自卑……乃至于我养育你仅仅是因为我希望找到控制别人的快乐；所以你回报我的为唯一方式，就是过我想要你过的生活，读我想让你读的书，娶我想让你娶的女人；你的生活的意义就在于你要让我看到你的生活后感到赏心悦目，而绝不是让我伤心欲绝！我没有否定父母对子女的无私的爱，只是直白地指出某种不恰当的教养方式。给孩子他们原本想要的幸福，而不是家长硬塞的他们自己意识里所认为的“幸福”。

很多时候，中国式的报恩观念仅停留在表面上。女儿，你为什么要孝顺我，是因为中国传统的道德观念，还是你骨子里真切地感受到了我对你的爱。爱是人和人之间的联接，而且是不以功利为目的的。无论是孝道或是报恩，某种意义上把人际交往中的付出视为一种债务，即所谓的人情债。这贬损了爱，真正的爱是不求回报的。女儿，我爱你，不是为了我需要你（你将来有一天侍奉我终老），我爱你仅仅是因为我爱你。

所以，当家长想为孩子设计未来的时候，你得先想想，希望你的孩子拥有什么。你希望他将来有名有利？希望他成为政治明星？希望他做医师、律师、工程师？还是希望他做个普通人，但能快乐满足、健健康康地过一生？

02 爱和饶恕的故事

伊顿公学是英国最优秀的贵族学校，在这里学生们睡硬板床，吃粗茶淡饭，每天接受严格训练，比平民学校的学生还要苦，有人问：这些苦行僧似的生活同贵族精神究竟有何联系？贵族精神其实并不是意味着养尊处优，悠闲奢华，崇尚物质；而是以荣誉、责任、勇气、自律、爱心等一系列价值观为核心的精神，依然是内涵修养的培育。正能量即是泛指一系列正向价值观为核心的精神。

一战中，600 万英国成年男性奔赴战场，死亡率为 12.5%。当时英国著名贵族学校——伊顿公学的参战贵族子弟伤亡率，则高达 45%。按照常理，英国贵族大多担任军官，为什么死亡率反而远远高于一般士兵呢？答案是，因为他们总是冲锋在前，撤退在后。对于他们来说，责任和荣誉比生命更重要。

什么是当代中国学生最缺乏的？我们所培养的人才，并不缺乏知识与技术。他们有知识，却没有是非判断力；他们有技术，却没有良知。他们患有人类文明缺乏症，人文素养缺乏症，公民素养缺乏症。在我们的教育下，很可能将出现有知识、有技术，但没有文化，没有人文关怀和素养的一代。可怕的是，中国经济的发展，并没有带来精神的高扬，却陷入了物质主义、实利主义、消费主义、虚无主义、犬儒主义的泥坑，造成了精神的危机。

正处于社会转型期的中国，一方面是经济迅猛发展，一方面是压力、焦虑和抑郁几乎同步增长。我们常说世界不了解中国，世界误读了当代中国；那么，我们的国人，你了解中国吗？过去 12 年里，中国人的心理障碍发病率几乎增加了 16 倍。当代的国人原本就是端着满满一盆焦虑的水，稍加压力，便会溢出。

清华高才生、高考状元卢刚毕业后赴美留学，却因妒忌枪杀校长、导师、同窗，震惊海外。不过在这件事背后，被害老师的家人却写信安慰卢刚的家人——受害者饶恕和爱的故事——知道的人不多。卢刚的同校生华欣，亲身经历了这一切并写了下来。请看信仰对人生的影响有多大！中国现在正是因为缺乏信仰而导致一系列悲剧发生。唯有树立有正确价值观的信仰，才能获得爱和被爱的力量。当然这个信仰可以是纯宗教式的，也可以是指虽无特定宗教式的信仰，但具有荣誉、责任、勇气、自律、爱心等一系列正向价值观的正能量之力。

“你是来旅游吧？”

“不，我是留学生。”

从旧金山飞往锡德腊皮兹（Cedar Rapids, Iowa）的早班飞机上，乘客不多，个个睡眼朦胧。只有我脸贴窗不住向外张望。这时空姐走过来搭话。

“去哪里呢？”

“艾奥瓦城（Iowa City）。到艾奥瓦大学去（University of Iowa）。”

“为什么选中那里？大学有很多嘛。”空姐刨根问底。

“我的妻子在那里呀。”我不假思索。

“完美的答案！”

我俩都笑了起来。爱人一年前赴美求学，正在那所大学读数学博士。久别后重逢的喜悦激动着我，心早就到了那梦魂牵绕的小城。

和我的故乡北京比，艾奥瓦城可真是太小了。五万多人的大学城，连一座高楼都没有，简直不像美国。可我却喜欢这地方。爱城（指艾奥瓦城，下同），多好听的名字。湛蓝的天空下，绿草如茵。艾奥瓦河从北边奔流而来，到这里轻轻带住脚步，并把起伏的山丘分为东西两岸。两岸山坡绿树丛中各色小屋隐约可见。宁静安详，远离都市的喧嚣。女作家聂华苓是这里的教授。

她主持的国际写作计划，把许多作家带到这小城。贾平凹，韩少功，北岛……都曾在这世外桃源谈书论文，怡然自得。

田园风情，人心淳朴，小城是读书的好地方。学生的生活紧张忙碌。我读计算机，妻子读数学，儿子上幼儿园。三个人每天在课堂、实验室、Day Care（日托所）、图书馆和住所之间走马灯似的转。小城有一个华人教会。每到星期日，当街支起一个大牌子："爱城华人教会——陈仰善牧师"。我对那里边的人并无兴趣。功课、实验、奖学金和学位已经够我忙的了。读书之余，除了带着儿子到山坡下校美术馆Hancher前的空地上骑车，便是在停车场捣鼓旧车。修自家的老爷车，也搭手帮助修朋友的。和几个乐于此道的同学结成好友。因为常常把手弄得满是油污，便谑称自己是"黑手党"。

这无忧无虑的时光没持续两年，故乡突如其来的那场暴风雨浇灭了我心中的赤子之火。对过去曾相信过的理念彻底绝望，对未来一片茫然。我试图振作起来，好好读书，先拿下学位再说。而妻子则开始带着孩子出入教会的门了。奇怪，那次在商场，当两个香港同学拿着新约圣经要送给我时，不是她拉着我就走，还嗔怪说"怎么被这种人缠住了"吗？如今她却自己要去。不过也好，只要她心里快乐平和。住我们楼上，我素来敬重的蓝大哥也是基督徒呢。儿子若能在教会中学些道理，也强似在家闲玩。至于我自己就免了。哪里有神？奋斗到今天还不全靠自己。每到星期日，我把妻子和儿子送到那块大牌子前，然后一头扎进实验室。

不知不觉间，妻子脸上的笑容越来越多。素来急躁、好忧愁的她，变得沉静而温和了许多。对公众的事也更热心了。这年还做了学生会主席，我却成了不是主席的"主席先生"。鞍前马后地跟着忙。

一天，她小声却又兴奋地告诉我：

"我信主啦！"

“你——信——主——了？”这里面的含义，我一时不能完全体会。于是跟着她去听牧师讲道。这牧师讲的逻辑不通嘛！回家的路上，我把一连串的问题撒向妻子，她也答不上来。算了，还是去我的实验室吧。我更加努力地读书，跨越一个个考试，似乎离人生目标越来越近了。

那是一个秋天。万圣节刚过，天灰蒙蒙的，星期五早晨，我紧跑几步赶上校车，见到住在三楼的山林华坐在靠门的长条座位上。“嗨，还好吗？”我在他身边坐下。“挺好的。我的岳父来了。我们刚从伊州香槟大学回来。下午系里有 Seminar（研讨会）。”小山答道。小山是学校里的知名人物。博士资格考试时成绩之好，让遥遥落后的美国同学汗颜。体育也棒，足球场上的骁将。平时又乐于助人，还是前一届的学生会主席。最近好事盈门，论文获奖，又在本校物理系找到工作。一下子跳出学生之列，成了研究员（Research Investigator）。小山的今天，就是我的明天。我为他高兴，也在心里为自己鼓劲。

下午，我在校行政大楼外等车。凉风一阵紧似一阵，空中开始飘起了初冬的雪。突然，两辆警车飞驰而来，戛然停在楼前。警察跃出车门，曲臂举枪在脸颊。一边一个，直扑楼门。先侧身窥探，然后猛地拉开门冲进去。这场景与世外桃源般的小城构成极大的反差。我心里疑惑，这是拍电影吗？

刚到家电话就响了，好朋友祖峰打来的。

“物理系有人打枪！”

“什么！是谁？”

“不清楚。有人死了！”

“啊！……”

我不敢相信这是真的。电话铃不停地响。我家成了学生会的信息中心和会议室。一连串的坏消息勾勒出了惊心动魄的一幕：

三点三十分，物理系凡艾伦大楼309教室。山林华和导师克里斯多弗·高尔兹（Christoph Geortz）教授，另一位教授罗伯特·史密斯（Robert Smith）及新生小李等许多人在开研讨会。突然，山林华的师兄，中国留学生卢刚站起身，从风衣口袋里掏出枪来，向高尔兹、山华林和施密斯射击。一时间血溅课堂。接着他去二楼射杀了系主任，又回三楼补枪。旋即奔向校行政大楼。在那里他把子弹射向副校长安妮和她的助手茜尔森，最后饮弹自戕。

我们惊呆了。妻子握着听筒的手在颤抖，泪水无声地从脸颊流下。小山，那年轻充满活力的小山，已经离我而去了吗？黑暗中，死神的面孔狰狞恐怖。

谁是卢刚？为什么杀人？翻开我新近编录的学生会名册，找不到这个名字。别人告诉我，他是北大来的，学习特好。但两年前与系里的中国学生闹翻了，离群索居，独往独来，再后就没什么人知道他了。听说他与导师颇有嫌隙，与山林华面合心不合，找工作不顺利，为了优秀论文评奖的事与校方和系里有很多争执。是报仇，是泄愤？是伸张正义，是滥杀无辜？众说纷纭，莫衷一是。

枪击血案震惊全国。小城的中国学生被惊恐、哀伤、慌乱的气氛笼罩。血案折射出的首先是仇恨。物理界精英，全国有名的实验室，几分钟内形消魂散，撇下一群孤儿寡母。人家能不恨中国人吗？留学生还待得下去吗？中国学生怕上街，不敢独自去超市。有的人甚至把值钱一点的东西放在车后厢里，准备一旦有排华暴动，就驾车远逃。

一夜难眠。该怎么办？大家聚在我家，商量来商量去，决定由物理系小雪、小季、小安和金根面对媒体，开记者招待会。实况转播的记者招待会上，他们追思老师和朋友。讲着，回忆着，眼泪止不住地流下来。看的、听的，心里都被触动了。一位老美清洁工打电话给校留学生办公室主任说，“我本来挺恨这些中国人！凭什么拿了我们的奖学金，有书读，还杀了我们的教授！看了招待会转播，我心里变了。他们是和我们一样的人。请告诉我，我能帮他们做点什么？”

从危机中透出一线转机。学生会又召开中国学生学者大会。教育系的同学不约而同地谈起了副校长安妮。安妮是教育学院的教授，也是许多中国学生的导师。她是传教士的女儿，生在中国。无儿无女的安妮，待中国学生如同自己的孩子。学业上谆谆教导，生活上体贴照顾。感恩节、圣诞节请同学们到家里来做客，美食招待，还静心准备礼物……千不该，万不该呀！不该把枪口对向她！同学们为安妮心痛流泪。

安妮在医院里急救，她的三个兄弟弗兰克、麦克和保罗，火速从各地赶来，守护在病床前。人们还存着一丝希望。两天后，噩耗传来。我面对着安妮生前的密友玛格瑞特教授，说不出话来。她脸色严峻，强压心中的哀痛，手里递过来一封信，同时告诉我，安妮的脑已经死亡，无法抢救。三兄弟忍痛同意撤掉一切维生设备。看着自己的亲人呼吸一点点弱下去，心跳渐渐停止而无法相救，这是多么残酷的折磨！在宣布安妮死亡后，三兄弟围拥在一起祷告，并写下了这封信。这是一封写给卢刚父母亲友的信，信里的字句跳到我的眼里：

“我们刚刚经历了这突如其来的巨大悲痛……在我们伤痛缅怀安妮的时刻，我们的思绪和祈祷一起飞向你们——卢刚的家人，因为你们在经历同样的震惊与哀哭……安妮信仰爱与宽恕，我们想要对你们说，在这艰难的时刻，我们祷告，爱与你们同在……”

字在晃动，我读不下去了。这是一封被害人家属写给凶手家人的信吗？这是天使般的话语，没有一丝一毫的仇恨。我向玛格瑞特教授讲述了我心里的震撼。接着问她怎么可以是这样？难道不该恨凶手吗？公平在哪里？道义在哪里？他们三兄弟此刻最有理由说诅咒的话语呀。教授伸出手来止住我，“这是因为我们的信仰。这信仰中爱是高于一切的，宽恕远胜过复仇！”

她接着告诉我，安妮的三兄弟希望这封信被译成中文，附在卢刚的骨灰盒上。他们担心因为卢刚是凶手而使家人受歧视，也担心卢刚的父母在接过儿子的骨灰盒时会过度悲伤。唯愿这信能安慰他们的心，愿爱抚平他们心中的伤痛。

我哑然无语。心中的震撼超过了起初。刹那间，三十多年建立起来的价值观、人生观，似乎从根本上被动摇了。

难道不应“对敌人严冬般冷酷无情”吗？难道不是“人与人的关系是阶级关系”吗？难道“站稳立场，明辨是非，旗帜鲜明，勇于斗争”不应是我们行事为人的准则吗？我所面对的这种“无缘无故的爱”，是这样的鲜明真实，我却无法解释。我依稀看到一扇微开的门，门那边另有一番天地，门缝中射出一束明光……

“我们的信仰”——这是一种什么样的信仰啊，竟让冤仇成恩友！

还来不及多想马格瑞特的信仰，卢刚给他家人的最后一封信也传到了我手上。一颗被地狱之火煎熬着的心写出的信，充满了诅咒和仇恨。信中写到他“无论如何也咽不下这口气”、“死也要找到垫背的”，读起来脊背上感到一阵阵凉意，驱之不去。可惜啊，如此聪明有才华的人，如此思考缜密的科学家头脑，竟在仇恨中选择了毁灭自己和毁灭别人！这两封信是如此的爱恨对立，泾渭分明。我还不知道爱究竟有多大的力量，毕竟左轮手枪里十几发因仇恨而射出的子弹是血肉之躯无法抵挡的啊！

转天是安妮的追思礼拜和葬礼。一种负疚感让多数中国学生学者都来参加。大家相对无语，神色黯然。没想到我平生第一次参加葬礼，竟是美国人的，还在教堂里。更想不到的是，葬礼上没有黑幔，没有白纱。十字架庄重地悬挂在高处。讲台前鲜花似锦，簇拥着安妮的遗像。管风琴托起的歌声在空中悠悠回荡：Amazing Grace, How Sweet the Sound（奇异恩典，何等甘甜）……人们向我伸手祝福：“愿上帝的平安与你同在。”牧师说：“如果我们让仇恨笼罩这个会场，安妮的在天之灵是不会原谅我们的。”安妮的邻居、同事和亲友们一个个走上台来，讲述安妮爱神爱人的往事。无尽的思念却又伴着无尽的欣慰与盼望：安妮停息了地上的劳苦，安稳在天父的怀抱，我们为她感恩，为她高兴！

礼拜后的招待会上，三兄弟穿梭在中国学生中间。他们明白中国人心中的重担，便努力与每个中国学生握手交谈。如沐春风的笑容，流露出心中真诚的爱。许多女生哭了。我的“黑手党”朋友，高大的男子汉也在流泪。爱的涓流从手上到心里，泪水从脸上绽出微笑。哦，这样的生，这样的死，这样的喜乐，这样的盼望，怎不让我心里向往！大哥弗兰克握着我的手说，“你知道吗？我出生在上海，中国是我的故乡。”泪水模糊了我的眼睛，心里却异常温暖。突然发现脊背上的凉意没有了。心里的重负放下了。一种光明美好的感觉进入了我的心。

感谢上帝！他在那一刻改变了我，我以往那与神隔绝的灵在爱中苏醒。我渴望像安妮和她的三兄弟一样，在爱中、在光明中走过自己的一生，在面对死亡时仍存在盼望和喜悦。

笼罩爱城的阴云散去，善后工作在宽容祥和的气氛中进行。不仅小山的家人得到妥善安置，卢刚的殡仪亦安排周详。安妮三兄弟把她的遗像捐赠给学校，设立了一个国际学生心理学研究奖学金。案发四天后才从总领事馆姗姗而来的李领事感慨道：“我本来准备来与校方谈判的。没想到已经全部都处理好了！”冥冥中一双神奇的手，将爱城从仇恨的路上拉回。

艾奥瓦河奔流如旧，我却不是昨日的我了。我从哪里来？要到哪里去？生命隧道的尽头是什么？我徘徊思索。信仰之路的障碍还在那里，无神论、进化论、科学与宗教冲突论，还在困扰着我。但奇妙的是，我开始喜欢读圣经，牧师的讲道也不再枯燥无味了。黑暗中摸索的人处处碰壁，一旦明光照耀，障碍便不再是障碍了，因为道路已经显明。我当时论文的研究方向是计算机定理证明。证明便是一切，未经证明的东西便不能认为是真理。谁能把神证明给我看？我以往的研究多注重在推理和证明上，此时才重新思考系统中的公理（Axiom）。公理便是公理，不可证明，只能接受。证明并不是一切，它只能证明在一组公理和推导规则之下产生的定理（Theorem）。重读一下德国伟大的数学家哥德尔的哥德尔不完全定理吧。这定理说的是，在一个无矛盾的推理系统中，永远存在不可证明的定理。也就是说，所有的“好”的推理系统都必定是“不完全”的科学方法来证明的；但科学研究的成果却处处见证造物主的伟大与奇妙。许多过去读过、考试过、研究过的知识突然都有了新的含义，许多根深蒂固的误区，一下子云开雾散。

圣经告诉我们：“自从造天地以来，神的永能和神的神性是明明可知的，虽然眼不能见，但借着所造之物就可以晓得，叫人无可推诿。”更“有许许多多的见证人如云彩般围绕我们”，使我们“放下各样的重担，脱去容易缠累我们的罪，存心忍耐，奔那摆在我们前头的路程”。原来安妮和她的三兄弟便是这许多见证人中的一群。路加福音第二十三章记载：耶稣被人鞭打，戴着刺入皮肤的荆棘冠冕，被钉在十字架上流血的时候，对着残害他的人，向天父祈祷说：“父啊，赦免他们，因为他们所做的，他们不晓得。”我在这里看见安妮一家人身上所流出的“无缘无故的爱”的源头——“爱是从神来”，“神就是爱”。神差他的独生子到世间来，使我们借着他得生，神爱我们的心，在此就证明了。

神的爱引领我来到他的面前，在神的爱中重新认识自己。过去一向自我感觉良好，在真理的光照中才看到心灵中的黑暗之处。仇恨、贪婪、嫉妒、骄傲、邪情私欲，这诸般的罪和罪恶哪一样自己没有呢？不要批评卢刚的狭隘、偏激和冷酷吧，只不过是五十步笑百步罢了。感谢耶稣，他死在十字架上，赎我们的罪；又复活，把永生的盼望带给一切信靠他的人。跪在神的面前悔改，祈祷，他就把我从那沉沦的路上挽回，让我在充满爱和恩典的道路上与他同行。

牧师奉圣父圣子圣灵的名为我施洗。从浸池中起来，旧事已过，万物成新。生活还是有高有低，也曾陷在失业之中，也曾面临各样的打击。但我生和我一家都跟随他，侍奉他。耶稣牵着我们的手，我们就满了喜乐，满了盼望。

离开爱城多年了，常常思念她，像是思念故乡。在爱城，我的灵魂苏醒、重生，一家人蒙恩得救。她是我灵魂里的故乡，与耶稣基督初次相遇的地方。爱城后来有了一条以安妮命名的小径。因为她设立的奖学金名牌上，已经刻上了许多中国人的名字。友人捎来一张爱城日报，是枪击事件十周年那天的。标题写着“纪念十年前的逝者”。安妮、山林华的照片都在上面。急急找来安妮三兄弟写给卢刚家人的信的复印件，放在一起，慢慢品读。十年来的风风雨雨在眼前飘然而过，十年来在光明中行走、在爱中生活的甘甜溢满心头。照片里安妮静静地微笑，似乎说，这信其实也是写给你的。

是的，我收到了。这源远流长的故事，会接着传下去。

（以上选自2011年12月《生命与信仰》中《爱城故事》一文，作者华欣）

03 社会转型期下说中国教育

中国人现在压力很大，孩子是这样，成人更甚。谁不曾经历职业倦怠期？谁又不曾陷入生活的困局？职场生来就是利益关系综合体，你不捍卫自己的利益，没有人会主动帮你捍卫。不为人知的职场坚信抑或生活困局，在打造出中国经济这趟列车迅猛奔向前的势头的同时，也让越来越多的职场人深困其中。

25岁的上海姑娘潘洁病逝。很多人为此唏嘘感慨，因为有很多共鸣——觉永远睡不够，工作永远做不完，加班、饥饱不定。一时间“被工作狂”饱受热议。值得玩味的是，调查显示，7成职场人担心自己过劳死；反之，又有8成职场人愿意用自由换高薪。身体和生存，不在天秤的两端，竟成了相互抵消的对立物。如果问问自己，在越转越快的飞轮里，你愿意被动地跟随、甚至投入全部气力，还是懂得适当地停一停，懂得允许自己偷一偷懒，听取来自身体的声音？有越来越多的人意识到，人生之路不再是一条按部就班的直线，你可以给自己设定间隔年，走出去融入到全然不同的文化与民族中，帮助别人，也是帮助自己。

在爱因斯坦的《论教育》中，这位世界科学大师尖锐地提出了教育是要培养“一只受过很好训练的狗”，还是“一个和谐发展的人”的问题。这其实也是我们每个人时时面临的选择：是要做和谐发展的“人”，还是做训练有素的“狗”？问题是，什么样的教育和社会环境，使“人”变成了“狗”？

爱因斯坦指出了三点：一是“过分强调竞争制度，以及依据直接用途而过早专业化，这就会扼杀包括专门知识在内的一切文化生活所依存的那些精神”；二是“青年人的过重负担，大大危害了这种独立思考的发展。负担过重必导致肤浅”；三是诱惑人们“以习俗意义上的成功作为人生目标”，同时灌输一个观念：“成功”的标准就是成为“人上人”，要“成功”就要不择手段。正是在这样的教育和体制下，成功者就成了“高智商的利己主义者”，失败者就失去了生活目标，落入了颓废、虚无，混世。这看似极端的两个方面，构成了我们讨论的人文素养和公民素养的真正缺失。

用专业知识教育人是不够的。通过专业教育，他可以成为一种有用的机器，但是不能成为一个和谐发展的人。要使学生对价值有所理解并产生热烈的感情，那是最基本的。他必须获得对美和道德上的善有鲜明的辨别力。否则他——连同他的专业知识——就像一只受过很好训练的狗，而不像是一个和谐发展的人。为了获得对别人和对集体的适当关系，他必须学习去了解人们的动机、人们的幻想和人们的疾苦。

这些宝贵的东西，是通过同教育者亲身接触，而不是——至少主要不是——通过教科书传授给年轻一代的。本来构成文化和保存文化的正是这个，当我把“人文科学”作为重要的东西推荐给大家的时候，我心里想的就是这个，而不是历史和哲学领域里十分枯燥的专门知识。

过分强调竞争制度，以及依据直接用途而过早专门化，这就会扼杀包括专门知识在内的一切文化生活所依存的那种精神。

使年轻人发展批判的独立思考，对于有价值的教育也是生命攸关的，由于太多太多的学科（学分制）造成的青年人的过重的负担，大大危害了这种独立思考的发展。负担过重必导致肤浅。教育应当使所提供的东西让学生作为一种宝贵的礼物来接受，而不是作为一种艰苦的任务要他去负担。

在每项成绩背后都有一种推动力，它是成绩的基础，反过来，这种推动力也通过任务的完成而得到加强和滋养。在这里存在着非常大的差别，这种差别同学校的教育准则的关系极为重大。做同样的工作，它的出发点可以是恐怖和强制，可以是追求微信和荣誉的好胜心，也可以是对于对象的诚挚的兴趣和追求真理与理解的愿望，因而也可以是每个健康儿童都具有的天赋和好奇心，只不过这种好奇心很早就衰退了。同样一件工作的完成，对于学生所产生的教育影响可以很不相同，这要看推动这项工作的主因究竟是怕受到损害和恐惧，是自私的欲望，还是对快乐和满足的追求。没有人会认为学校的管理和教师的态度对塑造学生的心理基础会没有影响。

人们应当反对向青年人鼓吹那种以习俗意义上的成功作为人生的目标。因为一个获得成功的人，从他的同胞那里所取得的，总是无可比拟他对他们所做的贡献。然而，看一个人的价值，应当看他贡献什么，而不是应当看他取得什么。

在学校和生活中，工作的最重要的动机是工作中的乐趣，是工作获得结果时的乐趣，以及对这个结果的社会价值的认识。启发并且加强青年人的这些心理力量，我看这该是学校的最重要任务。只有这样的心理基础才能导致一种愉快的愿望，去追求人的最高财产——知识和艺术的技能。

要记住，你们在学校里所学到的那些奇妙的东西，都是多少代人的工作成绩，都是由世界上每个国家里的人热忱的努力和无尽的劳动所产生的。这一切都作为遗产交到你们手里，使你们可以领受它，尊重它，增进它，并且有朝一日又忠实地转交给你们的孩子们。这样我们这些总是要死的人，就在我们共同创造的不朽事物中得到了永生。

如果你们始终不忘记这一点，你们就会发现生活和工作的意义，并且对待别的民族和别的时代也就会有正确的态度。

（以上节选自爱因斯坦的《论教育》）

需要提醒注意的是，今天中国并不缺乏关于人类文明、人文素养、公民素养的宣传、鼓噪，甚至可以说，高谈人文素养、公民素养，也成为一种时髦。正如鲁迅说的，中国是一个文字的游戏国，有的人嘴上说的和心里想的，是完全不一样的。他们经常做出“忠诚”的姿态，很懂得配合，表演，最善于利用体制的力量，最大限度地获取自己的利益，成为既得利益的成员，因此，他们要成为接班人，也是顺理成章的。

而正是这样的高智商的利己主义者，他们讲起“人文精神”却是头头是道，比谁都漂亮。但这对他们来说，不过是炫耀的知识，而人文知识不是人文素质，必须让知识渗透到他的生活与行为，才能称之为素养。这些“高能人精”的灵魂，已经被权欲和利欲所浸透，知识（包括人文知识）都成为他们获取权力和利益的工具和手段。而我们现行的人才培养、评价、选拔机制，是极容易并且已经源源不断地将这样的懂得配合和表演的“尖子”选作接班人了。这是真正要危害社会，影响国家、民族的未来的。

那是一个夏天，剑桥一年一度的划船看水幕电影活动，参加的各国学生很多。

我们这条小舟上，负责撑篙划舟的是一个英国年轻小伙子，同行的还有一个美国人，两个日本人，及两名中国人。

英国的年轻小伙率先把话题引到中国文化上，“我希望有机会到中国去，我很喜欢，中国文化很有意思，而且我会用中文说——你好。”

“那很好啊，尽快提上你的日程吧。”我们愉快地交谈着。

也不知道是谁来了一句，“听说你们中国人有重男轻女的传统，是么？”

和我坐一起的中国女孩儿语气很肯定地表示，“是啊，是这样。”

我当时还在想，也许这女孩儿是刚来英国，可能英文表达不那么流利，所以只能比较习惯用 **YES** 或者 **NO** 的绝对性词汇表示，但是至少也该再在后边加上一句，“也不是所有的地方都很严重”作为补充，才能算客观吧。谁知，越往后交谈我越发现，这孩子是思想有问题，不是我当初揣测的英文有问题。因为她接下来补充道，“在现在的中国农村，家里生了女孩儿会当场溺死，只留下男孩。所以中国男女出生比例严重失调。”

日本女孩儿发出略带战栗的嘘声，所有人望向一旁的我，向我求证。

我尴尬地笑笑，对那个中国女孩儿说，“不能这样说，你所指的只是比较片面的情况。还是把类似于‘有的’，‘过去’，‘也许’这样的限定性词语加上比较妥当吧。”

哪知道这个女孩儿越说越起劲，把整个溺死女婴的过程描写得异常血腥和露骨。结果是我跟女孩儿当场就……除了没说脏话，什么话都说了。这真印证了那句话：“脸都丢到国外去了。”美国人在一旁保持沉默，年轻的英国小伙几次试图打破僵局，日本女生不断地发出惊异的语气词，旁边的日本男孩子不住地安慰她……再到后来,全船人只剩我们两个中国女孩儿在争辩。其他人察觉出气氛不对，于是静默不出声。

反正，不管我俩最后谁争赢了（一船国际友人更多地相信谁），我都觉得这是一次特别丢脸的经历。我的本意是想心平气和地劝女孩自己收回那些过激言论，这样可能效果是最好的，但是……反正最后我俩跟打起来没什么分别。

商品经济所引导的人对财富的追求，虽然可以激发出经济上的活力，但却弥补不了人心灵上的空虚。如此发展下去，难免不会出现人心冷漠的趋势。美国精神分析学家、意义治疗学派的创始人弗兰克说过，20世纪最大的悲剧，不是两次世界大战，而是大多数人生活在意义的真空之中。他认为，当今世界人们充满了厌倦和麻木不仁，也充满了空虚和无意义的感觉，而这种存在的真空，生活意义的丧失，已经成为今日的大众精神病。于是，生活便空虚、便无聊、便乏味、便无所寄托，便无所事事。每天里便等着打麻将，玩电脑游戏……

小菊是我到英国后认识的女孩儿，请原谅我现在已经忘记她的真实姓名了，也许再见到她时，我甚至没法认出她来，但是她的故事那时还是深深触动了我。小菊和哥哥大林（名字也是编的，太久没联系，实在想不起来了）、男朋友大勇生活在一起。

我在伦敦时，借住在小菊家一段时间，我是通过网络联系到他们的。

住上一段时间后，我发现小菊大部分时间就是窝在自己楼上那几平米的小屋子里，那屋里只有一张大床，很多衣物、书籍就堆在床上。小菊从没邀请我进屋去坐坐，况且我也没发现那屋里有哪怕一丁点儿“可以坐坐”的地方。

“小菊，你每天不用上课么？”

“上啊，她只是不去。”他哥哥大林在一旁调侃妹妹。

小菊不好意思地笑笑，“去什么去啊，我根本都听不懂。一共分四个班。我们那个班是最差的，大家都说福清的家乡话，来这里一年半了，很少讲英文。”

一天下午，小菊尴尬地来找我，“姐姐，你能陪我去趟学校吗，我收到学校的通知，因为我考勤太差，学校警告要开除我。”

“好，我很乐意帮你。”

“其实也没有事的，我们那里很多人都是来这里打工的，只要把学费交上，学校是不会太严格的。只是我想给自己转个学校，我听了姐姐你的话，我还是想好好学习的，不想每天的日子就这样虚度，浪费爸妈的钱。但是我自己不知道怎么用英文跟老师表达。”

后来我了解到，小菊的雅思成绩没过关，爸妈送她来这边读语言学校，被某不负责任的中介公司忽悠了，花了好大一笔钱。要知道英国的学校都是全英文授课的，所以前提是什么？前提是你的英文要够用，起码听得懂课，你以为雅思过关了就万事大吉了。这个考试不是用来刁难你的，这个考试是用来保证你在异国他乡能生存的起码的条件，能听懂课程的基础。骗得了别人，骗得了自己吗？

某些中介公司不负责任地鼓吹说全英文授课环境，能有利于尽快提高英文能力。这里我真想说句脏话，这个是有前提的好吗，那就是学生起码已经具备了一定基础的英文能力，可以听得懂用英文讲课的课程了，才能谈得上所说的“尽快提高”。

社会转型提供了一个场域，这是一个经济发展至上、功利主义蔓延、社会压力无限放大的精神场域，在取得经济迅猛发展的同时，也是滋生了扭曲的个人自由和快乐，以及过于功利的思想。在这样的场域中，对传统生活文化准则的社会精神控制体系解体了，个人观念脚本也被改写了。80后、90后经济上是幸福的，但过于追求分数的童年，功利主义泛滥的成长环境并不值得学习、借鉴、宣扬，甚至是自我保持。这是陋习；值得我们温习的，并值得传播给世界的真正的中国精神符号，恰恰是祖先早已留下千年的“内敛、中庸、厚德载物、己所不欲勿施于人”等等。不同于其他动物，人类的思想具有自由穿梭于过去、现在和未来的独特能力。正是通过这种能力，我们吸取过去的教训，计划今后的生活，同时也造成了各种不幸福感。

第一部分

你好，正能量

Hello, Positive Energy

正能量来自对生活的真正向往。贴近正能量，眼前的路会无限光明。

01 厌倦伦敦等于厌倦生活

当你对伦敦厌倦之际，就是对人生也已经厌倦了，18世纪英国文坛大师萨廖埃尔·约翰逊的评论至今仍然中肯，伦敦直到现在都是世界上最丰富多彩的城市。这里既有牛津小镇的古朴野美，也有剑桥大学写意风采，同时也不乏布里斯托人文滋味。在街上，你能碰到行为做派仍一丝不苟的皇室成员，也不乏一袭黑色学袍的儒雅学者，加入街头起舞的年轻人一起随性舞蹈也不错嘛。

我不想花大篇幅来介绍传统的英伦旅游景点，现今百度的网络万象的功能如此强大，如果要读英伦旅游景点，我建议大家直接去百度就好，图片也有，各个不同角度、影像效果的。来到这里之前，我也曾百度一些图片来看，很美！直到到这里之后，直到自己亲自感悟过后，直到把我的灵魂和这个地方做过最心底的对话之后，我感悟到很多比“美”还要更美千万倍的东西。

伦敦眼，号称世界上最浪漫的“摩天轮”，它能带你到高空上看到与众不同的风景。在夜里，它在灯光的映衬下犹如一个巨大的蓝色光环，充满着梦幻色彩。每个人的心底里都藏着浪漫的情愫，此时窗外灯光辉煌，对岸的议会大厦和大本钟遥相呼应，伦敦火车站看起来像是一个会发光的小城堡。脚下是平静的泰晤士河，抬起头则漫天星光灿烂。

大英博物馆，这座博物馆和纽约大都会艺术博物馆、巴黎卢浮宫同列为世界三大博物馆。它包括埃及文物馆，希腊罗马文物馆，东方艺术文物馆等重量级记载人类文明发展史的场馆，其中收藏的古罗马遗迹，埃及木乃伊以及各种中国瑰宝尤其引人入胜。每一样东西仿佛都诉说着历史……

议会大厦，位于伦敦市中心区的泰晤士河畔，是19世纪中期英国最主要的哥特式建筑。这里是英国浪漫主义建筑的代表作。它不仅外表雄伟壮观、内部装饰华丽，而且其建筑结构和内部设计也能充分地体现世界上最古老的君主立宪政体。据说英国国会开会时，国王应坐在上议院的国王宝座上，但首相和议员需从下议院进入自己的席位，普通公民也可在旁听席观看议会进程。

大本钟，大本钟曾经激发起英国人无比崇高的爱国热情和一往无前的英勇气概，是伦敦人民的骄傲。在第二次世界大战中，伦敦遭受了1 224次空袭，而大本钟始终播送着它那安定人心的钟声。特别令人肃然起敬的是每年的休战纪念日（11月的第一个星期天）上午11:00鸣响的钟声，那是在哀悼在第二次世界大战中阵亡的英国军人，此时，整个城市交通停止，人们脱帽肃立，仰望那雄伟的大本钟。每当议会召开会议的时候，大钟上方的灯就会点亮。一到夜晚，大钟在灯光的照耀下，静静地浮在夜空中，从对岸观望更觉壮观。

…………

有人说，读万卷书，不如行万里路。文字或是图片能给人们的是一种直观上的体验，同时也是最浅层次的体验；我想，或许只有身处此地，才能有属于自己的那份特有的感悟，这份感悟来源于行者先前的生活积淀和内心的对自然的自我领悟，当行者的灵魂与这座城市的灵魂间做出沟通之时，这是感性层面上的东西，无法言喻。当然，我也像其他到过这里的众多俗人一样，妄图用文字把这份自身感悟记录下来的，但是我要说，在那样美丽的经历面前，无论再怎样华美的文字都难免笨拙和逊色。

02 古朴野美的牛津小镇

世纪古钟敲响哥特尖塔，

窄巷深处有人深情祷告，

紫藤绿蔓竞逐红砖墙壁。

弹指间，

相思如纵。

广场艺人拉响古典风琴，

骄傲鸽子信步石板街道。

余晖流过落日里叹息桥。

不惊扰，

岁月静好。

晨曦中的牛津小镇，少了人头攒动的喧闹，古朴的风格在薄雾的映衬下平添童话般的野美滋味。

牛津小镇的辉煌历史和悠久厚重的文化教育，是它最具魅力的地方。牛津处处透出一种古老和怀旧的神圣气质，学术氛围浓厚，学院林立，教堂随处可见，两边街道的石缝中仿佛都夹藏着智慧的密匙，仿佛诉说着那个时代的故事，我一边走路，一边伸出一只手抚摸有 800 年历史的斑驳墙壁，心中希冀着能通过这样的方式和已逝的先哲们沟通……

同时，这里还透着一股灵动的童话气息，置身此处的我再不难理解为何卡洛尔的午后草坪上的梦呓之作《爱丽丝梦游仙境记》和 J.K. 罗琳雨后热咖啡之作的《哈利·波特系列》的创作灵感均萌生于此。这里的一草一木一河流，一叶一砖一瓦片点滴之处都透着一股如梦般的仙境风格，就像一部活生生的童话的国，不知何时哪个小精灵会跑出来和我嬉闹玩耍，又或是哪位仙女就坐在金色阳光照耀下的河边柔声细语地歌那么一曲。

大爱街道上随处可以见的街头艺人，六个便士可以带走一幅素描；三个美丽得好似从仙境坠落凡间的女子即兴小提琴重奏霎时点燃我心；广场艺人沙哑的饱含情绪的嗓音，最绝妙的是他身边的狗狗会在适合的小节附和，是在一同诉说着那些过往吧……和三五友人信步在中心公园时，不小心和前面的人走得有些散了，泥泞小路上的绿苔充满灵性地生长着，道边几百年的大树伸出三三两两的枝丫仿佛是故意拖慢我的脚步，眼前有迷蒙的薄薄雾气升腾，使得友人的影儿渐渐模糊起来，模糊就模糊吧，不去管他们，就让我的童年的那些个梦在这样一个古朴野美灵动文艺的人间仙境中自由徜徉吧……

03 写意剑桥

我也撑一支长篙，架那条名叫理想的小船，

终日行驶在浩瀚的人生海洋。

雷电交叠演奏，吹响理想号起锚的调；

滚滚浪花肆意，在船儿两侧纵情歌舞。

雨点竞相下落，为我洗去旅程的尘埃；

精卫耳旁咿呀，喊着永不放弃的信念。

一曲行进交响乐吹毕，

演奏的各方争相谢幕。

我还是撑那一支长篙，循灯塔的光亮前行。

独我，

赏月之素美，星之璀璨。

用这满船璀璨的星辉，

织最绚烂的锦被与我共眠。

静夜的深蓝色水面，与白色的浪花连成昨日光点，

狂风骤雨，极致后的转折。如我的宿命。

扬帆，期待一个天长地久的风和日暖。

剑桥虽与牛津齐名，气氛却不相同。牛津被称作“大学中有城市”，剑桥则是“城市中有大学”。尽管这里保存了许多中世纪的建筑，但就整个外观而言，剑桥仍是明快而且现代化的。正如其他英国城市一样，剑桥的商业

也很繁荣，但仍不失典型的英格兰田园风光。似乎与城市规模不相称的众多剧场、美术馆等文化设施，更使得这座大学城散发出一股浓浓的文艺气息。

任何人只要到了剑桥，都有一股想作诗的冲动。而当“佳作”完成之际，再对比康河的自然实景，就又羞于拿“拙作”面世，因为再华美的文字都不及康河诗情画意的一角。不过，我得承认这里有容易滋生诗人的空气：摇曳的垂柳，曼妙的水草，意识流的石桥，水间竞逐的野鸭，千种万色不知名的小花，古典的美丽传说，行人清澈的笑容温暖如日光……泛舟康河，撑一支长篙，向青草更青处慢溯。康河两岸，学院古朴格调的建筑，金色的夕阳斜洒在康桥上，野鸭聒噪着划过浮藻时抖起波光。

徐志摩在剑桥留下略带伤愁的爱情传说，人说，是剑桥的景给他织起淡淡的别离伤情；我说，云彩本无情，云彩是自然。所谓咏叹调的情绪不过是赏景的人，作诗的人，品诗的人强加给那片云彩的。我看，云彩还是那片云彩。

04 自由学术，学术自由

告诉我，你平时的学习环境是怎样的？

宽敞的教室，整齐的桌椅，坐姿整齐的同学们。

告诉你，牛津大学的学习环境是怎样的。

一个宽大的单人沙发是必需品，可以躺在上面看书，还可以惬意地边阅读边听音乐。

想想看，你最常见到的立在草坪中的牌子——请勿踩踏，对吗？

告诉你，牛津大学的绝大部分草坪都“欢迎踩踏”。

草坪上随处可见三五友人席地而坐笑语欢声或倦了躺下来看清亮的天白色的云，真的清亮。

我想正是这样令人分外舒服的自由学术交流风格，才是牛津一次次开启人类历史和科学领域最新变革的关键所在。

举世闻名的牛津大学就生在这个古朴野美的牛津小镇，牛津大学的一切令人骄傲的学术成绩，都促使我想要去了解它。牛津大学曾引领了剑桥大学和哈佛大学这两座世界顶尖学府的创立，曾出过30多位诺贝尔奖的获得者，这是是一个举世闻名的学术精英堡垒。初到牛津大学，一种古老的气息弥漫在身边，特有的美丽之势，高贵、大气、从容。这里的每一个人似乎都染上了一身书卷风的尊贵优雅气质，“腹中有书才自华”的才情不需言喻，厚重学术积淀在牛津绅士们的一举手一投足之间尽现，羽扇纶巾，谈笑间纵横天下捭阖。这里潜移默化影响的不仅仅是久居在此的牛津学人们，牛津大学作为英国最知名的学府之一，其深厚的文化气息会深深感染每一个踏进校园的人。

牛津大学各学院的会议室，每一处地方都有各自独特的风格，但无一例外的是各个会议室都拥有一个特别柔软的沙发，一坐在上面，使得整个人都不由自主地放松起来。会议室是学子们平时用来交流思想的地方，风格各异，但足以让人完全放松的沙发却是必备配置。

牛津特有的学院制，这个众所周知，但我今天要说的是，因为这个舒服的沙发使得学院制的优势发挥得更加棒，至少我是这样认为的。举例来说，比如我是学习物理的，在这里我不仅可以和学习物理的同系的人交流，我还可以和学习神学的，学习商业的各个学科的人自由地交流思想，大家可以在这里谈谈最近在研究什么，自由地交流。这可能与传统当中想象的教室不太一样，我想，我们需要这里更胜过教室，大家在这样一个放松的环境中，把想说的话都说出来，哪怕有些只是心中的臆想，也可以大胆地讲出来和大家交流。事实上，在这个地方出的研究成果要远远高于教室。

不同学院的人，大家都坐在沙发上，有时候喝喝茶，有时候喝喝酒，值得一提的是，会议室里有茶，有酒，有咖啡，有甚或还有台球室或其他的什么游艺项目。总之整体的感觉就是，舒服！沙发只是遨游在自由学术之巅的一隅。

不用担心躺在沙发上就睡着了，哈，那就索性睡一觉吧，平时都习惯了，牛津的学人们包括学生和教授等聊着聊着就开始说梦话了，这也不是多稀罕的事。醒着的人继续聊，做梦时也可以想问题嘛，梦话会非常有研究价值也说不定。

再来说说那整片整片“欢迎踩踏”的草坪，三五友人就这么围坐在一圈，在葱葱郁郁的草坪上或坐卧，或仰卧，让整个身体最贴近大地，似乎可以听得到大地的心跳声；惬意的微风徐徐轻抚脸颊时，体内的灵魂仿佛就能随着这风一同飘起来似的；大片大片的雪白色云彩在湛蓝色天空的映衬下显得分外清澈，清澈入心底；也许就是在这样的一个能让灵魂和自然对话的环境，才孕育了一个又一个睿智儒雅的灵魂，也正是这些能够亲吻自然的感性灵魂才推动了人类科学探索道路上的一次又一次变革。

很多人都很好奇，说牛津人很“懒”——也就是研究时间不像其他地方的科学家那么长，但是为什么牛津可以获得这么多诺贝尔大奖，而且众多研究成果都能开这个领域研究的先河？我想，是因为牛津的人很“巧”——玩儿起来也很疯的，牛津学子也善于从玩儿中攫取研究的灵感。我想，对生活的感性的认识和对科学的理性的认识，本质上并不矛盾，也许正是同一个东西，只是碍于我们现今的科学发展水平，没有最终揭示一切，所以有些人可能会偏激地认为，二者是悖离的。其实，不然。二流的科学家用理性思考问题；一流的科学家用感性的认识帮助理性的科学研究。

05 英式思维小品五则

小品 · 第一则

在 YHA（国际青年旅舍）上网需要购买无线上网卡，或者你可以买点旅店自备的小零食，不论你买多少钱的零食一次都可以换一张一小时的上网卡，问题就出在这里：最少可以买 60P（便士）的一袋薯片，多则不限，也就是说，每交易完成一次，就能换到一张一小时的上网卡。

回到酒店，偶感嘴馋，故想顺便买几张上网卡储备回头工作也可以用到。

接待我的是 YHA 的服务员。

Chris: 你好，我要一包薯片，和一包巧克力。

YHA：好的。

Chris: 请给我两张上网卡。

YHA：不行，每够买一次只能换一张上网卡。（表情极其认真，看上去容不得半点儿通融。）

Chris: 那好吧。给我一包薯片就好。（递给他 60P 钱）

YHA：这是您的上网卡。

Chris: 请给我拿一包巧克力，顺便还有一张上网卡。（我根本没有离开柜台，只是分两次给了他钱，于是依靠这种方式，我顺利拿到了第二张上网卡。）

YHA：这是您的上网卡。（她扭过头去，拿第二张上网卡的时候自言自语道，他怎么能这样？！等回过头来，看到神情认真的“再次”购买巧克力的我时，她哈哈大笑起来，笑得非常大声。自然地，我也随着他大笑起来，结果是我“分两次购买”顺利拿到了两张上网卡。）

小品·第二则

也是发生在YHA的事情。不过这次不是在伦敦，而是在海滨城市布里斯托，也是我认为综合服务指数最高的一家YHA，高到哪个地步呢，你接着往下看吧。

Chris: 请问购买一张一小时的无线上网卡要多少钱？

YHA：5镑（约合50多块钱人民币）一个小时。

Chris: 这太贵了。

YHA：是啊。我也觉得很贵。所以，我送你一张吧。（狂喜！）

可惜，一个小时上网根本不够我用，我需要再买新的上网卡。

Chris: 请给我拿一张无线上网卡。等等。我如果多买几张，你能打折吗？

YHA：一个小时不够你用吗？

Chris: 不够，我还有工作。我要是买很多张，能打折吗？

YHA：不能。一张一小时就是5镑。不过，为什么要花这个冤枉钱呢？你拿着电脑去对面的酒吧，有免费上网。

Chris: 什么？你知道吗，如果你不告诉我这些，我并不熟悉此地的情况，我是一定会在这里购买上网卡的。

YHA：不能让你在这个上面花太多的钱。对面能免费上网。你坐在大厅里，随你上几个小时。

小品·第三则

中国人去英国超市普遍都会遇到的情况。普通英国人算数确实不怎么灵光。

收银员：在英国超市购买东西，塑胶袋是需要另外加钱的，一个袋子 2P，您用了 3 个袋子，加上这是您刚买的货物的价格是 12 镑，所以总共是……我忘记了刚才算出来的您所用的塑胶袋是多少钱来着？

Chris: 啊？（我刚刚没有认真听他讲什么，一心想着，给我个总数字就好了。）

收银员：塑料袋收多少钱来着？

Chris: 啊？（错愕中……）

收银员：对不起。您再稍等会儿。我拿计算机重新按一次。

（这时我才醒悟过来，不过是 2P 乘以 3 个塑料袋，等于 6P；再加上我刚刚买的东西，就是总数了。都怪我刚刚走神儿了，害得收银的英国大妈又重新拿计算器按了一遍。）

小品·第四则

也是超市收银时发生的。这个版本曾在国内课堂上被老师们多次使用过。女收银员正在扫描货品的条形码……

Chris: 总共是 9 镑 20P，我给你 10 镑 20P，找给我 1 镑，好吗？（说着，我要把钱递给女收银员。）

收银员：（她打开收银的柜台，看着我。）你说什么？

Chris:（这时我醒悟过来，英国人的思维模式是，我给他 10 镑，他找给我 80P，她比较能接受。）算了，你直接找钱吧，当我什么都没说过。

收银员：我是应该找给你 80P，没错吧？（递给我钱的当口儿，她好似才猛地醒悟过来）喔？刚刚你是想拿 1 镑的钱啊。

小品·第五则

英国传统杂货铺

（先是无关紧要地寒暄了几句。）

店主：6 镑 20P。

Chris: 喔。多少钱。你不用计算器吗？算得这么快，真厉害。

店主：我知道你们中国人数学厉害。不过我也不差。这点东西不用计算器了。

Chris: 你确定没算错吗？（我一边掏着钱，一边调侃他。）

店主：没错。你放心吧。（但是神情已明显开始不安起来，眼神就只盯着货品，不像原先那么神态自若地跟我聊天了。）

Chris: 你不再算算了？（我继续调侃他。）

店主：嗯。

Chris: 你收多少钱来着？（我这次真的不是故意逗他的，只是掏钱的时候顺便再问一句。）

店主：你等着。我拿计算器再按一遍。

（然后以“迅雷不及掩耳之势”拿出计算器超快地开始按着，剩下一旁错愕的我。）

Chris:（等到他算出是同一结果，我拍拍他的肩膀。）你不用这么紧张。我只是随便问问。

店主：看来，我的数学还是不如中国人那么好啊。（他不好意思地笑着。）

这明显就不是算数好不好的问题，我压根就没算那点儿东西值多少钱，只随便调侃似的多问了两句，无意中“彻底打压了这老兄自恃算数一流的心”。

06 中餐馆在英国二三事

从剑桥回牛津的时候，瞥见一家“伪”中餐馆挂出一张非常盗版的太极两仪图标志，联想起近几日在英国见到华人学生们口说非正宗英语的际遇，颇有些感触。此番来到英国各地，一众华人学者，学生们总是热情地带我去试吃当地“最正宗”的华人餐馆，但吃到目前为止，我却难于给任何一家中餐馆下“正宗”的评价。每次到餐馆，点菜的时候，总是得加问一句，“鸡肉是炸过的吗？”没办法，这里炒菜的鸡肉也普遍都是炸过后，再淋上甜酸味儿的酱汁儿的，为的是契合当地人的口味。初到英国时，提起中国，我能想到很多，很多特别美好、令人心冀神往的故乡的画面；而今，中国——家，印在脑海中的画面就生生地被浓缩成一大桌子的“那才叫正宗的，地道的”中华美味。

这里的店名是“中烟酒茶”，原以为这是一家卖中国卷烟、酒品和茶叶的店铺。孰料，这里竟是坐落在牛津小镇最有名的中式餐馆之一。久居在此的华人学生告诉我，这家中餐馆有三个特点是比较有名的：第一，“名”不符“实”，门外悬挂中烟酒店的“金字招牌”，实则是一家地地道道的“中餐馆”。第二，菜品质量中上层，但服务态度欠佳。最后，同时也是使这里最受当地华人学生欢迎的一大显著特点——菜品相对便宜。同样的分量，中上层的质量，“中烟酒茶”相较于其他中餐馆，着实是可以至少省下一到两镑钱的。

“中烟酒茶”坐落在Coach车站的边上，在牛津访学的日子，我时常来这里吃一个便当，偶尔的再要一盅鲜美的老汤。一来二去的，也就渐渐对这里的食物产生了感情，尽管从始至终都遭受着服务员的“拽得跟二五八万似的”态度。

某日傍晚。我再次到这里吃便当，眼见窗外一华人老大爷朝我微笑，我认得他，他是“烧酒”（牛津的另一家中餐馆，档次稍微高些，适合朋友小聚）的老板。“怎么？视察敌情来了？”我暗想着，一面很快结了账，赶去到门外跟他聊几句。

“怎么不去烧酒了？”他迎了出来。

“离我住的地方太远了，有朋友再去烧酒，平时都是在这里吃。”

“感觉这里怎么样？”

“食物挺好的。就是服务质量差点。”我苦笑，“不愿再看见服务员的那几张臭脸了。尽管食物上物美价廉。”

“我知道。我也没办法，现在的中餐馆服务生不好找了。”

“怎么，这家店也是您的？”

“是。烧酒和这里都是我的，但是，我放在烧酒的精力比这里大多了。这里我基本放弃了，就想着给大家提供便宜好吃的食物就够了，没花太多的精力去管理。烧酒你也去过，各个方面我都弄得不错，是吧？从装修，到菜品，到服务质量……”

我打断了他，“再到价格。”

他给我讲了很多，他对美味的追求，对菜品的热爱，如何一步步奋斗成牛津中餐第一人。期间我俩的对话掺杂了普通话、粤语、英语，都用上了，他讲，“来英国太久了，普通话有些生疏了。”

“您这也算是牛津中餐馆第一人了。”

“不敢这么说。但是，我如果说自己是第二，他们谁都不敢说自己是第一。”

再来说说老板的第二家店“烧酒”，不久前刚被英国 *Times* 报评为了英国四大饭菜最好吃的中国餐馆之一，用一个半版的版面做的报道。

“真是恭喜您啊！”

“谢谢。我的菜品好吃是肯定好吃的啦，但是能被评为最好吃的四家中国餐馆之一，我也是真没想到。”

“那您怎么看？”

“他们瞎评的，英国人哪知道什么是好吃的中国菜。他们就是几个记者，到处去吃吃，碰巧的是，我做的菜合他的口味。我想，就是这样。”

“嗯，经他们一报道，来您这里光顾的客人就会更多了。”

“是啊，最近还来了不少从伦敦慕名而来的人，但是，我不喜欢来这么多人，你看，我平时就忙不过来，他们一来，就更装不下了。”

说到小点心，那就一定不能不提一提，伦敦华人街的“水泊梁山”。不曾有人刻意把这里推荐给我，只是几次和伦敦朋友的聚会，他们都不约而同地提到了“水泊梁山”，并且脸上都流露出了一种意犹未尽的“馋嘴”态度，口中不断地碎碎念着“杏仁膏，小笼包，红豆包……”

所以，在我看来，“水泊梁山”不得不访啊，只去了那么一次，要了一个汤，一个杏仁膏，还有一个东坡肉，就一个字“赞”！据传，这里最有名的都是“小点”（当地人的说法），能在异国他乡，吃一口正宗的中国小点，吃到的不仅是食物的美味，还有对家乡的思念。

最后，再说一说剑桥的“芝麻”餐馆，芝麻最大的特点不是食物，不是服务态度，不是小点，而是“老板娘”。一个你从一进门，就围着你，说东道西，闲话家常的热情老板娘。时不时地老板娘还会资助一下剑桥大学的华人学生社团，这是很让人感动的。

“你是来这里的访问学者啊？你知道吗，你有口福了，我的大厨原来是做国宴的师傅，跟一般地方的普通厨师可不一样！”

“是吗？那来两个特色的。”

“水煮鱼？”

“那个，我不能吃辣。”

“你不是要吃特色的吗？水煮鱼、酸辣土豆丝、酸辣汤，我给你安排，你就放心吧。少搁点辣椒。”

菜上来了，我每吃一口，都要伴着喝下一大罐水，然后这顿饭我喝了两三罐水，饱了。

临别，老板娘略显愧疚地说，“是不是我安排的菜，不合你的口味？你再来，你再来我会安排好一点儿，不辣了。”

我过意不去，第二天，又去了。如故。另叫了三盘菜，喝了三四罐水，和热情的老板娘聊了许久。在我看，吃不吃的两可，遇个家乡人，絮叨絮叨也无妨。比如，你刚到剑桥，大可以来这里和老板娘聊上几句，包你房子啊，交通啊，剑桥大学大小八卦啊已知晓一二。

07 印象布里斯托，领略英国绅士

作为大英帝国的首都，伦敦也理所当然的是唱片工业的基地，从伦敦一直往西120英里，在布里斯托海峡的东边，有一个同名港城布里斯托，业内人士会立即联想到20世纪90年代中后期的Trip–Hop低调电子乐风潮。作为英国西南部最大的城市，布里斯托是历史上出现在英伦三岛土地上的第二座城市，是一座拥有最多的英国传统建筑，最古老的港口，历史文物最多，有着传奇色彩的城市，自中世纪起成为一个重要的商业港口，曾经作为仅次于伦敦的第二大城市达半个世纪之久。在有着很浓郁古罗马风格的建筑丛林中，Avon河由南向北穿过城市，在几乎要延伸到市区的Avon峡谷有一座吊桥，Clifton Suspension Bridge，维多利亚时期的建筑，漂亮并且别有韵味，因为太高还经常有命案发生，据说史上第一个在这里轻生的是一位少妇，谁知跳下来之后因为风太大，把她的裙子吹成了降落伞使得她安全落地……然后这位小姐一直活了很久。在城市的右方有一个有着强烈北非风情的咖啡小馆，作为一个典型的复合式的消费和休闲场所，位于最热闹的Park Street上，进门的第一部分是艺廊区，分为“看”、“闻”、“听”、“触摸”以及“放松”6个区，很有些北非或者东欧的异域情调。和Trip–Hop被翻译成“吹泡儿”很巧合的是这里有着举世闻名的全球气球狂欢节，在古老的皇家歌剧院看戏，在Hippodrome看表演，在Colston大厅内听音乐会……众多的历史建筑和文物让布里斯托像是魔法时代的神秘遗迹，而多变的海洋性的气候让城市上空的天气就像Trip–Hop一样捉摸不定。这里没有伦敦作为时尚之都那样的锋芒，当然也还有许多比它漂亮许多的城市，但在布里斯托，或者是因为Trip–Hop音乐，你能找到一种别样只属于布里斯托自己的风情，再加上美丽的海滨和热气球，这里有最纯正最地道的英国。

克洛伊是布里斯托大学的首席新闻发言人，同时也是我英国访问中布里斯托站的“可爱导游”。克洛伊穿着一双非常中国风的布鞋，不知道这是不是有意的，总之这个小细节，让我倍感亲切。这几日，几乎全是由她带着我在这座小城里游览。

可爱的导游克洛伊带我来到学校食堂。据说，这里已经有400多年历史了。这个所谓的学校食堂，从外观上望去，建筑的风格雄浑凝重，气质典雅，颇有点儿古罗马万神庙的气韵,但是又仿佛更多了一丝亲切舒爽的现代格调。走进“食堂”，金黄色的高吊灯，摆放得恰到好处的绿白相间的百合花，精致的餐具，富丽堂皇又不失高雅气质。难道学生就是在这样的环境中就餐的？这未免也太幸福了点儿。这座有400年历史的学校食堂的建筑去年已经被列为布里斯托的文物。这里的优点不仅仅是在于它的文物级的建筑，内饰的设计也花了很多心思，保留了不少有历史价值的物件。

刚进门，就有一位打着领结的“服务老生”笑容真诚地迎接我们。舒服！我不想用“笑容亲切”这个词儿，因为这样的形容词太过泛泛，乍一听上去有点儿假，这笑容跟平日街上见到的某个商场售货员“例行公事”地冲你说声“你好”是有天壤之别的。而这次，我在布里斯托见到的是，真正的发自内心的一股笑容，所以，我说他“笑容真诚”。他已经在这里工作二十多年了。看得出，他同样是发自内心地热爱着这份工作。我得承认，“服务老生”是我在这里发现的一大瑰宝，那个服务水平，着实令人称道。

由此让我想到，有一次，一位在五星级酒店任总经理的朋友和我闲聊，“你知道什么样才是高级的服务生吗？比如说，顾客用餐的时候，他就站在旁边，寸步不离，顾客随时有需要，都能第一时间应对。再比如说，顾客要开始谈正事儿了，自然就不希望服务员还一直杵在边儿上。绝佳的服务员是，客人心里希望他出现的时候，他就能及时地出来帮你斟茶续水，闲聊二三；相反，你心里不想他出现的时候，他则懂得知分寸地避开。”直到今日在布里斯托遇到这位“服务老生”，我才深得朋友此番话的要义。

“他绝对是你们学校的一大资产。”

显然，克洛伊也明显领会了我的意思，点头称是：“不只是他，这里每一位服务员都是这样。”临别时，我忍不住称赞了服务老生，他就像所有英伦绅士一样，后退了半步，同时用手抚在胸前，头向侧稍歪歪，面带微笑说：“喔，先生，您的夸奖真的是我的荣幸。希望您在布里斯托度过一段美妙的日子。”

和英国风电影里出现的标准绅士的举止、谈吐都如出一辙，恰到好处。

08 那些留学生教会我的事

第一篇

“我三分之一的时间都花在社交上。”

林，牛津大学博士在读，植物科学。斩获多项世界级科研大奖。

林给了我很多的惊喜，在于她的谈吐如兰从容得体的大气，举手投足之间都尽显英国皇室独有的高贵典雅的气质；在于她年纪轻轻，已斩获多项世界级的科研大奖，更重要的，还是在百分之九十以上都是英国观众和百分之一百都是英国评委的评判条件下，屡次抢过第一名的奖杯；在于尽管此时有多位顶级教授向她发出邀请，而她心里念念不忘的是她的祖国，和我聊得最多的就是，“我回去的话，能为中国做点儿什么？我想我该回去了。”

见到林之前，牛津的其他同学纷纷跟我介绍，“这个女孩儿是真正融入英国上流社会的中国人”。就连牛津大学介绍林给我认识的英国教授，对林也是赞誉有加，“她是我们牛津大学的骄傲。”

这是怎样的一个女孩儿呢？

一种人是更善于“说”的，另一种人是更善于“听”的。我想，既然林曾在牛津大学的演讲比赛中摘得桂冠，那么她一定更倾向于第一种人，而当我们开始天南地北的聊天之际，我才又惊喜地发现，林也更善于“听”。听得安静，专注，不惊不扰，在适当的时候点头，说一两句中肯的意见。我心中不由得暗自赞叹，此时，我才领会了为什么其他的人评价她，是真正融入英国上流社会的中国人。看一个人的学识，看她的“说”相，看一个人的涵养，便是看她的“听”相。

“林，听其他的中国同学说，他们见到学校的教授都诚惶诚恐的态度，而你，却和教授们私交甚密，平日有说有笑。你是怎么做到的？”

"也没有诚惶诚恐，只是，可能我接触的要多一些吧。我想，第一是因为我胆子大吧。比如，我正在研究某个课题，需要某方面的教授给我一定的帮助，我就给他写 E-mail，这也是大多数人都会做的一件事。如果许久他都不回复我，我就登门去找他，当然了最开始人家是不会见我的，因为他们在国际上专业上的声望都很高，平时也都很忙。所以我就找他的学生们啊，通过一些派对这样的场合，认识教授的学生们，这要容易多了，再由学生们帮我引荐。要注意的是，我带去的观点必须是有价值的，能够引起他的研究兴趣，否则也不行。再有，这是我的秘密，"林说到这里调皮地笑笑，"我不会整日整夜地窝在实验室里，比如哈佛的人每天工作到凌晨 2 点，3 点做研究是常有的事；但是牛津的人不会，牛津的人就工作到下午 6 点，然后就去玩乐，也有很多美国研究者为此不平，为什么我们工作十几个小时和你们牛津人工作几个小时的研究成果（获诺贝尔奖的数量），竟是差不多的？他们不理解，这才是牛津的奥秘，比如你要研究一个领域的知识，怎样会更快？是自己没日没夜地看书，没日没夜地做实验？不是的。还不如找一个这个领域的专家，和他喝酒聊天，慢慢地他就把自己的多年的研究经验告诉你，而后我再拿着相关的资料去查阅，这样节省了大量的时间。可以说，我三分之一的时间都是花在社交上。"

"有的同学说来这边经历了种族歧视，你有过这样的经历吗？"

"除了刚开始进这个学院的时候遇到过，后来就再没有了。其实一开始的时候，我被这个学院拒了，我就写信问他们，为什么拒掉我，我很不服气，要知道我各方面的成绩都很好，我不明白，一定要问问他们。结果，他们回复我，他们这个学院还没招收过中国学生，我听了就很气，你们要招的是出色的学生，不能因为我是中国人就拒绝我，这没道理，我要向你们证明，中国人是最优秀的。他们那时候找的是一名美国的女孩子替代我，我就提出来，要拿我和那个女孩子做各方面的比较，我到底要看看那个女孩儿比我优秀在哪里。最后教授看到这个情况，把我们两个都招进来了，因为他说，从材料上也确实比较不出谁更优秀。慢慢的，我就一次次地在很多比赛中拿到第一名，这无形中就证明了我比那个女孩儿要更好些嘛。”

“那么他们现在开始招收中国学生了吗？你的意思是说，你是第一个被招进这个学院的中国学生？”

“可以这么说，是，我是第一个，那时候也是唯一一个中国人，后来就很多中国人了，他们现在可欢迎中国学生了。”

“那么看来很多中国学生都该感谢你啊。”

“中国人确实都很优秀。只是有的时候大家欠缺了一个争取的劲儿，有的中国学生看到这个学院不招收中国学生就不申请了，为什么不申请？中国人很优秀，他们不得不招，我们得证明这一点。我一点儿也不像个科学家，太感性了。”

我想，只有感性的人，热爱生命的人才能成为最一流的科学家。那些理性的人，埋头研究多年，也不过是个二流的科学家。其实，理性的科学研究与感性的人类情感，两者并不矛盾，只是碍于我们现今的研究程度还未达到某个层次，才误以为二者是背离的。也只有感性的人，有机会享受“神”的恩赐，感性的人更“易”和神进行交流，也就是研究中所谓的“灵感”，生活中、研究中处处都极需要这灵光乍现的一幕。

热爱生命，热爱生活，并积极地融入到社会交往当中的人，才是一个完整的人，十余年的科学研究，从实验室走出的可以是面目蜡黄，瘦骨嶙峋，爆炸发型的“老科学家”；亦可以是风姿优雅，谈吐幽默，从容大气的“才俊英杰”。时代在变，思维在变。思维在变，时代在变。林，告诉中国学生们一个“美丽的秘密”。

第二篇

生生不息，循环往复。

朱，UCL 博士在读，全额奖学金，学生组织的会长。

早在 2500 多年前柏拉图就给我们描绘了一个理想的王国：这是一个秩序井然，至善至美的正义国家。在《理想国》中，柏拉图对正义的国家和正义的人进行了定义，由城邦到公民，由上至下，由大到小，一切都被理想化了：生活，工作，教育……和这些英国留学生们交流，他们也都纷纷给我描述了他们各自心中的一幅理想国图景——归结起来大意就是如何把我们的国家建立得更美好。我得承认，和他们交谈，和他们心中所向往的理想新世界对话，给了我很多的激励和启发。

无论是申请海外的院校还是读硕士读博士做研究，都是需要 funding 的，几个英国的学生同时都跟我谈到了这一问题。没有资金支持，有的人埋在实验室里终日做东西的理想就没法实现，朱就是拿到的全额的奖学金赴英国深造。朱向我介绍说，“有些海外的奖金起初还是愿意发放给中国学生的，但是随后越来越少有人愿意发给中国学生了。为什么呢，因为比如给了美国的学生，美国的学生拿着这笔钱搞研究或者是创立企业，赚到钱了，他们愿意把钱再捐给母校再捐给教育事业，就这样生生不息地循环，越来越好。但是有的捐助者就反映了，比如把钱发放给了中国人，多年后过去了，也不见中国的哪位教授把钱再捐回教育。”

“但是，我认为这只是一个时间周期的问题，只不过是中国之前太穷了。那些之前拿了奖金的中国的学生教授们可能刚刚也就是自己‘脱贫’的地步，也许尚无余力为其他人做点什么。但是随着中国经济的发展，随着海外高等学府求学的中国学子越来越多，这一现象是会改变的。如果我们有了除研究除基本生活之外的钱，我们也很愿意捐出来给有需要读书的中国学生们，把我们的国家建设得更好。”

朱的一番话让我想起了佛教的兴起和改革，两者之间的关系颇值得玩味。佛教，在印度兴起，而后传入中土。那时在印度的僧人是不用劳作的，只需研究佛教经典，打作参悟。有很多人愿意供养，僧人是受尊敬的。而这一套传入中国后，就行不通了，中国人觉得“僧人都是骗子”，凭什么你什么也不做，我就供养你，给你吃给你喝？在印度，僧人是受人尊敬的，而换作中国，认为是臭要饭的，地位极其低下。

直到六祖慧能提出了僧人自我耕作，自给自足的政策才彻底改变了我国僧人的窘境，也可以说，未来佛教之所以能在中国发扬光大和这个开创是分不开的。僧人开始过既拿锄头耕地，又研颂佛经的日子。

追求理想其实与钱财是不矛盾的。有些极端的人认为口口声声谈钱，太过势力，甚至是可耻的。但是我们不得不承认，无论是奖学金还是研究的funding，或是帮助后来的人，这些都需要钱。神话故事里不是还有个财神吗？就是管理天下钱财的那个人，如果因为抓住了外在的机遇，和自身的努力，创造了一些财富的话，这或许是件好事情，不但是帮助了自己，也会因善良的你掌管了更多的财富，使你们心中的理想国变成现实，使更多的后来中国学子因此受益。是件好事。

第三篇

塞翁失马，祸福相依。

吕和女友，英国牛津大学即将毕业，面临着毕业即失业的窘境。

塞翁失马：塞翁的儿子很想得到一匹马，日想夜盼，恰好有一友人送给了塞翁家一匹马。众人都很开心，特别是塞翁的儿子。这时，塞翁在旁自语说，“未必是一件好事。”

得了马，儿子不会骑马，练习骑射之际，不慎将腿摔伤。众人很是伤心，而塞翁却说，“未必是一件坏事。”

官府征兵，塞翁的儿子因腿被摔断了，免去了上战场的命运。此为塞翁失马，焉知非福。

在学生求学过程和职业选择的问题上,我想塞翁的故事是非常有借鉴价值的。

吕的女友追随他来到英国念书，但是面对几个问题，第一，虽然女孩儿的成绩也很好，但是做出这个决定时早已过了“海外院校的最佳申请日期”，也就是为能和自己心爱的人在一起，女孩儿也放弃了也许更热门的专业选择的最佳时机。第二，吕帮助女孩儿挑选了牛津大学新成立的中国现代文学研究的硕士研究生申请，因为这个专业是新近开设的，竞争不激烈。事情果真如愿，女孩儿以 111 分的托福成绩拿到了牛津大学现代文学研究的硕士入学通知。（当时的情况，如果申请牛津大学的其他专业被拒的可能性颇大，为了两人能在同一所学校，女孩儿做了保守的专业选择。）第三，作出这样的选择，“得”的方面是海外名校牛津大学的录取，更加可贵的是能和自己心爱的人在一起共同打拼；“失”的是，而今眼看临近毕业，这个专业确实不怎么好找工作，且女孩儿的兴趣也根本不在这里，自然也就没有继续读博的打算了。

相比许多为了求学海外，放弃爱情的人，吕和他的女友他们是幸运的，至少他们在一起。时常听英国求学的中国青年人跟我说，不谈爱情，但是同时他们的内心也渴望着爱人和被爱。为什么不谈爱情？因为自己的未来都还没个定数，不知道毕业之后自己会到哪里，回国？也许留在英国？也许去其他国家继续深造？总之这个时候的留学生们，相比国内求学就业的大学生“工作，买房子，娶老婆，生孩子”的生活路径多了更多的“不确定”。他们说不谈恋爱，实际上是双方都负责任的一种表现。

“什么是成功？”这个题目是托福作文考试题库里的一个。一则新闻：老师出题目，让孩子们说说自己成功的母亲。中国的小孩子说，自己的母亲在事业上如何成功，工作上如何出色，起早贪黑一心扑在事业上。美国的小孩子听罢，摇摇头，给出一句“太自私了”。轮到美国小孩子说了，美国小孩很骄傲的样子，我的母亲是全职太太，她为了家庭在很早的时候就放弃了自己的工作，这样，她就能每天为我和父亲准备好早餐……什么是成功？这是个仁者见仁智者见智的问题。

我们倡导女性的自由，自由包含的定义我想应该更广泛，选择对事业的全身心付出？或是选择为了孩子和丈夫每天能吃到可口的饭菜而选择一份比较安逸的工作？都是可以的。社会也无须在一旁因“自我的那套衡量标准”去判断“哪个更成功”。这只是看待成功的角度不同，付出的比重不同罢了。

职业选择的同时大学生们也适逢了一个“春暖花开鸟语花香”的很合适谈恋爱的季节，时下有个职业叫做“职业规划师”，我不清楚这些职业规划师们给出的规划是更功利化的急功近利的打拼，还是人性化的包含温情的“舍”和“得”。

第四篇

既然无法逃脱，那么就适应它，进而利用它。

欣，肯特大学，精算专业，本科，（肯特大学的精算专业全英排名第一位）。牛津大学，统计专业，硕士在读。（牛津大学每年全球仅招收30名学生。）

“我现在一回国参加朋友聚会，几个人就在一起聊啊聊啊，聊股票，聊房地产，聊什么时候结婚生孩子，我就完全插不上话，特别郁闷。我觉得，逐渐的，我在国内的朋友少了，没什么共同话题，不想回去了，不喜欢国内的那股气氛。”

“我明白你说的意思。他们聊股票，你也可以和朋友们聊聊啊。你不是在牛津大学学习统计专业的吗，之前又是在精算专业英国排名第一的肯特大学攻读的学位，聊股票，似乎是你的专业范畴啊。”

“是啊，我开始也这么想来着。可是，我发觉国内的人玩股票，更多的是当作一种投机的态度，就比如说总惦记着买一只濒临破产的垃圾股，指望它短时间内翻好几倍，根本没有人把股票当作一种投资手段。我的专业说白了，就是帮人家管钱，财产的合理配置和增值，股票是投资的手段之一，但是说实话，回到国内的话，可能没人把钱交给我管。”说到这里欣无奈地摇了摇头。

一个人的力量有限，欣时常感到在面对改变现今中国的大气候上有时候有些力不从心，信心不是十分的足，但是我相信，随着越来越多的青年海归们回到中国来，会把把正确的投资理念，甚至生活理念带回国内，用国际化的思想影响着更多国人；与此同时也借中国经济迅猛发展的之迹，找到你们的内心归属。

危机，危机，危中有机。任何事情都存在它的两面性，市场经济更是如此，无论是海归学生还是本土学生作出任何的关于职业的选择之后，都随之会发生“做出选择后的两面性”，或许世间万物皆逃脱不了这个定律。既然无法逃脱，那么就适应它，进而利用它。用本心左右外在的环境，而非环境左右了你的本心。看似深奥的道理，其实也是最浅显最通俗的。非常有意思的在于，你自认为做事情前考虑清楚了，但自你作出选择的那刻开始，就伴随着“其他的人的作出的种种选择”后效果的影响，而最终使你的选择结果不再受到控制了。而过程之中，参与的这些个“其他的人”越多，你的作用结果将越不受控制。这也就是人们常说的，“我怎么就没想到呢。”过程中，他人在影响你，而你也在影响着他人。

09 大不列颠的爱恋不青涩

是否有人告诉过你，所谓的“只要肯努力，一切都不是问题。”有时不过是一句善意的谎言。稍微经过一点世事的人都清楚，努力也是需要机会的。需要给努力提供一个机会。生活在这个世界上，我们拼了命去实现所谓的理想，可又有几人，能把这价值的内涵说得清楚明白。

大多数人，就用“功名利禄”这四个字概括了人生的全部价值。追逐学历，特别是漂亮的海外洋学历已经逐渐由一种求学深造之路，转变为绝大多数中国人走向成功的唯一道路。这真的是挺可笑，也很可悲。这条海外求学路走得究竟有多辛苦，海上遇到多少风浪，途上经历过怎样的危险，恐怕只有远航的水手自己知晓，岸上的人看到的，只是水手靠岸后强撑着的美丽微笑。

年少时，总是憧憬外面的世界，炫目的霓虹灯背景下歌舞霓裳，异国的情调的诱人魅力难以抵挡。在求学异国这条路上，有多少人赌上了自己的人生最美的十几年大好年华，又有多少人把自己的爱情也放在了赌桌之上，曲终人散，成败几何。

上篇

“我希望她幸福，是不是在我身边的幸福都不重要。”

杰，祖籍福建，来英国一年半，1991年出生，在伦敦一所普通大学就读。

不是所有来英国念书的孩子都家境殷实，杰会利用平时的所有空余时间打工赚取生活费和部分学费，与他交谈时，他有意无意流露出与实际年龄并不相符的成熟老练，但是并不是让人觉得反感的那一种世故，反而会为他的懂事陡生爱怜。杰做的饭不仅好吃有卖相，更重要的是他做饭的姿势，真的很像那么回事；他也会给我调各种鸡尾酒品尝；做好饭后打扫水池不放过一个厨房死角……一板一眼一招一式都让我不敢相信，他现在竟然还只是个孩子。至于做饭的架势，杰说他主要在餐馆打工，虽然不是大厨，但掌握基础是必须的；至于让我惊叹的调酒，杰说因为调酒师的待遇会比普通的服务员要高，也不用特别应酬客人，所以他特意去学习的；至于饭后打扫水池，他说已经习惯了，他笑称自己已经被老板训练出来了，一切按照高标准严格执行。

本周杰拿到了80镑的工资，他第一时间拿出其中的59镑给远在家乡的"女朋友"买了新款的电子产品。我知道杰本来的生活就不富裕，所以有点担心他接下来的生活费的问题。我调侃杰，"你一定非常爱她。"谁知杰告诉我，那女孩儿并不是他严格意义上的女朋友，杰说，"我也不清楚我俩之间的关系。来之前，我们两个很好啦。但是我过来这边后，也没有什么权利干涉人家的生活了。我只是觉得特别孤独，特别特别孤独，有次，买了电话卡疯狂地给国内的朋友们打电话，也奇了，怎么都没有人接？忙音……要么就是快没电了。经过那次，我清楚地认识到：我离开家了。我是一个人在外面了。原本的朋友也有他们的生活，不可能再像以前那样了。我只能自己坚强地在这边生活。独立。我对那个女孩儿没有特别过分的要求，我希望她幸福，是不是在我身边的幸福都不重要，有一个人在家乡那个地方可以思念，本身就很幸福了。我不想耽误她，所以什么也没说。况且，我都自身难保了，我还能说什么！"

下篇

"少了蜜语甜言，多了无悔的追随，你飞跃重洋；少了诗情画意，多了留学生活中的柴米油盐；少了娱乐消遣，多了反应中的化学实验一二；当曾经共同搭乘的那条叫做理想的小船，遭遇现实的岔路口，亲爱的，对不起，至少我们曾经真爱过……"

Nelson 和 Mendy，男女朋友，一同考取英国牛津大学，两人本科即将毕业。

博士生 Nelson 满脸幸福地对我说，当时是他率先拿到的剑桥大学的录取通知书，女友 Mendy 为了追随他，随即报考了剑桥，因为是新开设的一个专业，所以录取相对容易一些。 所幸女友的英文功底深厚，综合条件也相当优秀，当年得以在“录取大门即将关闭的时候”以 111 分的托福成绩同样拿到了剑桥大学的录取。于是，两个人在剑桥过起了一段只羡鸳鸯不羡仙的小日子。

我问，“你俩打算什么时候结婚？”

Nelson 随即温柔地环抱住女友，“快了。”可能是酒吧的灯光太过昏暗，我没有注意到女孩子当时是什么表情。

出乎意料的是，当女友起身离开后，Nelson 用力猛地喝了一大口酒，“我们下周就分手了。”

也许是两种气氛之间的落差太大，我一时语塞。

Nelson 神情无奈地说道，读硕博期间，两个人一起在剑桥度过了 4 年最幸福的日子。但是眼下临近毕业了，Nelson 一心想回中国发展，父母年事已高，他是家中独子；而随着四年的时间走过，当初为了追随 Nelson 才来到英国的女友，竟迷恋上了英伦的闲适优雅的生活，和伦敦的一家大公司已经签约了。女友要留下。

来的时候是两个人，走的时候却独剩 Nelson 一人背起行囊。

我试图想要劝 Nelson，不要轻易放弃得来不易的感情。

Nelson 深吸了一口气，“我们已经说好了。下周她就去伦敦了。我们彼此真爱过，够了。今后两个人要踏上两条不同的路，何必强求，再者即使是强求也是无法挽回了。这种事情也很正常，男人嘛，以事业为重。”Nelson 说得轻描淡写，也有点强颜欢笑的味道。

我也没再说什么，我们转换了话题，我只在心里默默地祝福 Nelson。

一个人流浪

阳春暖冬，爱的白雪在萦绕耳旁，
你我相拥，幸福的感觉融化冰霜，
冬日飘雪，遇知音蝴蝶双双飞扬。
为了理想，远离故乡我踏上征程，
追逐梦想，挥别所爱我独自启程，
多少叹息，飞散在几万尺高空上。
异国风光，炫目晃得我双眼迷茫，
外面世界，风总是刮啊刮啊不停，
外面世界，雨总是下啊下啊不停。
寻寻觅觅，最难忘故土醇美乡情，
走走停停，最难舍你的单纯笑容，
为了理想，我把爱情丢在了天涯。
夏日赤阳，如火灼烧我孤寂的魂，
紧拥自己，想留你在怀里的余温，
凄凄寒夜，一个人醉眼望穿云烟。

10 理想？先生存下来更实际

李杰现在伦敦的一家中餐馆做服务员，每周的工资有80镑。刚到伦敦的时候，每小时的报酬只有3.5镑，后来工作过一段时间，有了经验了，才逐渐涨到5.5镑/小时。目前的80镑是所经历的相同工种即中餐馆服务生，所得到过的最高的工资待遇了。

我不经意地问，“是否3.5镑/小时的工作做起来相对轻松，所以自然拿到的报酬也就少了？”李杰不以为然地继续跟我说笑，同时把一双手伸到我面前，“你看，这手上的印痕，就是那时候留下的；这都快一年了，依旧清晰，你说轻松不轻松？”

李杰解释说，那个中餐馆拥有上下两层，偏偏这么巧，自己去做工的时候电梯坏了，又因为只有一楼设有洗碗间，所以只得每天把需要清洗的餐盘都装到特大号的蓝色桶里一楼二楼逐层台阶提上提下。数起来，每天至少要提着蓝桶上上下下七八趟。这只是每日的例行工作之一。所以，每晚回到宿舍，手都忍不住打哆嗦。

“你父母知道吗？”

“我是男生，怎么能让家里人再担心呢？还好，现在靠自己工作在伦敦至少可以负担日常的生活费了，但是遗憾的是，学费还是需要家里给出的。”李杰继续说：“其实那份3.5镑/小时的工作，一定程度上我是被人骗了。我那个时候刚来伦敦，急于找到一份工作，所以就这么上当了。正常的工资应该是5镑，稍好点的是5.5镑。不过，我现在涨工资了，每周有80镑。”说到每周80镑时，李杰还是掩饰不住的喜悦。

李杰跟我介绍，一般来讲，好的工作（多指在餐馆兼职），是很少公开登出来的。公开招聘的多是薪资少，又很劳累的工作。因为少有人愿意去做，才会公开招人。好工作多是经由朋友间互相介绍的，这样的工作性价比上会好的很多；但是同时，介绍你进去，自然的，你朋友也要承担一部分的信誉责任，如果你做得不够好，也会影响到朋友日后在这里的工作。

“自金融危机以来，留学生在餐馆找工作的难度加大很多，”李杰跟我讲，“工作越发的不好找，因为人们的消费能力下降，使得餐馆也不愿意多招这些学生工。因为愿意出来消费的客人少了，餐馆内现有的有经验的服务员就可以搞定所有工作，为什么还要多余地招收没有经验的学生工呢！”

小聂是李杰的一位朋友，刚到伦敦四个多月了，试了几份工，都没有被录用，为此非常郁闷，脾气也跟着有些暴躁起来。李杰讲道，最近小聂给国内打电话的时候，说个没两句，就开始对着电话大叫，摔电话，逐渐地对周围一起生活的人也开始排斥，孤立自己。

李杰跟自己的老板说了几次，终于老板同意让小聂在店里忙的时候，过去帮工，但是提出一个近乎苛刻的要求：“没有报酬。”只承诺一旦有招新人的意愿，会首先考虑小聂。

最近一个打给餐馆老板的电话，李杰是当着我的面打的，“我是李杰。请帮我找一下秦老板……秦老板，我上回跟您提过的，我的朋友……”李杰打电话的态度是异常恭敬的，他跟我讲，之前已经跟老板提过多次了，但是老板好似不曾理会，为了朋友能尽快找到工作，所以就硬着头皮，“老板，别再找合适的时间了。不管您能不能录用他，今天晚上都让他过去店里帮忙，行吗？不要报酬。拜托您了，让他试试吧！”

我原来想对“没有报酬，一旦有招新人的意愿，会首先考虑小聂”这不近人情的工作待遇说点什么，可话到嘴边就变成了：“小聂乐意吗？”

事实证明，小聂是乐意的，乐意得不得了，甚至当即就开始筹划今天下午试工的时候要穿什么衣服，才能赢得老板的认同。

李杰说，他其实是理解老板的，店里的客人越来越少，很多分店甚至都筹划着裁员。怎么还能再招新人进去？一旦小聂在餐馆做得久了，不留下他，不给任何报酬，恐怕到时情理上也说不过去，所以近一周来老板对“不要报酬”的试工提议还是显得支支吾吾的。

“小聂是去做服务员吗？”我问。

“他做不了，英语不好。这也是试了这么多份工，没有被录取的原因之一。应该是先安排在厨房做劳工，不用讲话的那种。”

“看来先学好英语，还是很有必要的。”

“不只是英语，如果是在中餐馆找工作，粤语恐怕比英语还要实用。因为老板大多是香港那边过来的，很多同事也都会说流利的粤语。面试或在餐厅日常的交流用到粤语的机会也都很多的。”李杰又想到好玩的事情，说道“其实有时候英语很好的，也还是不能安排到厅前做楼面（楼面就是服务员的意思），因为……比如我们餐厅就有个雅思8.5分的大哥每天窝在后厨房洗碗。做楼面比作洗碗工挣得工资要多很多，但是老板让他试了几次，都做罢了，尽管他英语很好。究其原因……是这位大哥长得太丑了。”

我笑着说他，“你别嘴太损了。”

李杰正经起来：“我说真的。其实，大哥人还是不错的。但就是长那个样子影响食欲；那个头发几天都不带洗的，脏兮兮的，我纳闷是不是学习好的人，都这样？”他想了一会儿，继续说，“肯定不会是学习好的人都这样的，有例外。例外的那些是因为聪明学习好的人；有一些死读书的人，就是很不修边幅的，这样对找到工作也非常没有好处。在英国，还是很注重外表的，最起码也应该让人看着舒服。这是找到工作的基本条件。”

我问：“怎么雅思8.5分，还在餐馆工作？”

“你不要小看我们餐馆，卧虎藏龙。随便拉出来都是雅思7分，8分的，在英国得一边上学一边谋生，不管是什么工作，必须要有工作。餐馆的兼职，是最普遍的。你别忘了，就算没有报酬，餐馆最起码还是管饭的啊。金融危机一来，工作更不好找了，先吃饱饭也不错。”

就在不久前，我偶然间读到的一条，说“大学生在找工作前要向老板讲条件。维护自己的合法权益。”听上去好似还蛮有道理的。我也不否认它在一定程度上的正确性。但是，我要告诉同学们的是，当你想要把任何一条职场法则运用到自己的日常生活中之前，请先仔细掂量好。你和老板各自站在天平两端，你握有多少筹码，老板手上又握着多少筹呢？切忌，盲目生搬硬套。“要学历没毕业，英语成绩糟糕，学生签证，金融危机，餐馆大幅裁员，免费打工，可以管饭。”这样的天平一摆出来，有几个人还胆敢跟老板谈条件？先生存下来更实际。

11 由帝国下午茶引出的软实力

Angela（英国帝国理工学院国际办公室副主任）邀请我到帝国校园内的贵宾室小坐，初进门，我顿时被这贵宾室内装璜的“皇室气质”折服，尊贵，优雅，华美。正当我还沉浸在这房间的典雅气质中，此时走进来一位身穿燕尾服、斑马裤，戴着白色领结和手套的中年男士。他手捧托盘，上面有英式咖啡、红茶和苏打水。他举止优雅，笑容恰到好处。还没等我反应过来，“燕尾服”就走出去，轻轻带上了门。学校不愧是“帝国”理工啊！细节之处无不彰显皇家风范。

由此，我们从刚刚对帝国理工“校园管家”的惊鸿一瞥中，逐渐聊到了“软实力”这个话题上。在进入正题之前，我有必要再给大家多讲一些“英国顶尖院校最初让我惊叹的那些地儿”，为的是帮助大家更好地理解后文“软实力”三字的含义。

牛津大学访问的前一天下午，我只身来到各学院“踩点儿”。院门站着一位，看过《沉默的羔羊》里的汉尼拔吗？跟他长得有点儿像。这里没有丝毫贬义的意思，相反我认为汉尼拔的扮演者 Anthony Hopkins 至少单从外在气质上看，就是一位地地道道的英国绅士，燕尾服、黑色马靴、文明棍……但是你们知道吗？这位中年绅士就是牛津大学的“看门老大爷”，燕尾服、文明棍等不过是平日的“工作服”。

在我看来，不论帝国的校园管家，还是牛津的英国绅士门卫，这都是一个院校在软实力方面的体现，潜移默化，润物无声。历经数百年，软实力已经构成了院校文化中不可或缺的重要组成部分。

说到软实力这个话题，可以从国家的层面，区域的层面，企业管理的层面，校园的层面，直至谈论到个人软实力提高这一层面，类似于数学的语言表达就是：$0 \rightarrow +\infty$。可以看出它是单向的，正无穷趋向的。这一回，仅从大学生个人软实力提高这一层面出发，记录一点 Angela 和我的讨论内容。在此，非常感谢 Angela 帮助我全面地了解到英国软实力的相关课程，并且使我能有机会结合中国具体国情，以期能如我俩所愿，今后在相关的领域可以展开广泛合作。

软实力：指一个比较难以衡量的变量性层面。个人的硬实力便相近于人的生存能力，而人的软实力则近似于人的心理承受能力及生物学能力的综合。个人的健康与否、长相优劣、家庭经济背景等即是他的硬实力，而思想状况、思考能力、知识面的广与深、语言的组织与表达能力等即是他的软实力的体现。

建立起强大的内心

世界还未从经济危机的阴霾中苏醒过来，反观中国社会正经历着经济结构的调整，在经济转型期，“房价激增”、“就业形势越发严峻”催生出“蜗居、蚁族”等问题，皆是社会转型中不可避免的必然产物。毋庸讳言，社会财富快速向少部分人，向少数行业转移，造成整体社会的不公平：穷人越穷，富人越富。但纵观历史，这种情况，不惟中国，世界任何地方，任何民族，

在通过巨大的社会变革从而改变经济命运时，往往都伴有严重的规则不公平，财富被少数人或者少数行业占据或者掠夺的现象。

我不是在教你如何自怨自艾，怨天尤人，抱怨时运不济，而是在告诉你如何在现有的环境下，利用现有的资源，发挥出个人的最大优势。这就是软实力课程的核心。面对现实的社会环境，难免在学生中滋生出一种消极应对的心态。具体表现为，失去对未来美好生活的追求和信心，整日沉溺于网吧或游戏等无意义的事情中大量消磨时间，不是脑中不曾想到希望，但一面对现实，就不自觉地想要逃避。所以，应提倡通过相关的软实力的心灵训练课程，把恐惧和逃避转向为激发乐观精神和希望的积极的生活精神。

除了引进西方发达国家相对成熟的思想体系以外，也应加入传统中国文化的部分，做到兼容并包，为我所用。在心灵的建设道路上，做到百家争鸣，中西融合：可以有韩非子的“攻”，也不乏儒家提倡的“忍”；不能说马基雅维利的观点就是偏激的，就是禁书，那不过是君主为了稳固自己的统治不得不禁了他的书而已……所以，我提倡在一个机构中，响起不同的声音，并且作为权威并不去过多判定“对”或“错”，事实上也是如此，有的问题并不存在对错，只存在“度”的问题。唤醒内心的自己，或是重塑一个具有优秀品质的自己。

软实力的现实意义

提高软实力除了包括净化心灵之外，另外一个具有重要现实意义的方面，就是在于，它能够帮助大学生在越演越烈的就业竞争中，获得成功。励志小故事：曾有一个小伙子，去参加一个竞争激烈的应聘，在应聘者中，他的学历不是最高的，笔试成绩也不是最好的，可在面试中，他却赢得了考官的好感，最终胜出。原来，在他最后一个进入考场时，发现地板上丢着一份文件，他先把这份文件拣起，礼貌地送到考官手上，然后又从容儒雅地回答了考官的问题。殊不知，拣文件本身就是一道重要考题。遗憾的是，在他之前所有的应试者，无一人拣起这份文件，于是他因此而顺利通过了面试。这个小伙子就是后来举世闻名的福特公司创始人福特。从这个例子可以看出，“软实力”有时对一个人的事业成功可以起到关键作用。

众所周知，公司更青睐有经验的工作者，胜于高学历，究其原因，除了有成熟经验的工作者更容易对公司业务上手，也不乏刚毕业的大学生往往伴有“娇气”、“浮躁气”、“暴躁”、“好高骛远”、“不懂得待人接物的基本礼仪”等弱势原因。人的硬实力方面很容易量化出高低优劣，但在很多时候人的软实力却是一种发于无形的，甚至是决定成功的最重要因素。

对比中西方的软实力课程

目前国内的软实力课程皆是停留在区域经济问题研讨，或企业高管培训等高端层面。一些国外教授提到中国学生总是夸赞一句“中国学生数学很好，或者中国学生学习很努力”殊不知，此句话的潜台词或许就是“但是！中国人不能是学习不错，分数很高的傻子，那样国家民族还有什么希望。”

获得诺贝尔奖的得主不需要一个很好的计算能力，或者实验能力这些都不是绝对的，他的团队可以帮他完成，我熟知的很多学习能力优秀的中国孩子就出现在这样的团队中，但是！即便最后获得了诺奖，而你们（终日处理复杂计算的学生）对此获得什么呢？这个道理像极了，假使大企业签下了100的单子，但是自己只处理其中的10，把余下的90都承包给小的企业，最后大企业却是收获这100的利润。这已经是逐渐被越来越多国人认识到的“所谓合作真相”。

表面上，经过20多年的高速发展，今天的中国享受着“世界工厂”的美誉。“中国制造”凭借物美价廉的优势，在世界每个角落几乎随处可见，成为当地人的生活必需品。可以说，“中国制造”已经行销全球。比如说根据调查，在工业制成品中，中国已有超过130种产品的产量位居世界第一。但实际上，中国只不过是国际产业链的分工里利润最薄的一环。事实上，在国际产业链中，中国企业做实际制造那部分如果赚到一块钱(10%)的话，那么对于外商，做这种产品设计与研发以及采购、仓储、订单处理、批发、零售这部分能赚到9块钱(90%)。换句话说，我们就是用这不到10%的价值，积累了1.8万亿美元的外汇储备，意味着我们同时为国外贡献了18万亿美元，这几乎是全国80年的工资总额！科技上的开拓更需要的是创新的能力，是想法，是灵魂！大国的崛起，不是计算能力或者学习成绩，而国民软实力，是关于如何让每一个国民都体会到幸福的软实力。

第二部分

留英

学习生活指南

in the UK

Live and Study

了解在英国生活须知

可以让留学生活变得更为

顺畅，尽可能感受正能量。

01 留英学习指南

Part 1 学校申请

※ 英国大学预科课程申请

很多同学都选择了英国预科课程作为留学生涯的开端，如何走好第一步，更显得至关重要。通过 O.S.S.C 调查发现，超过 90% 以上的学生，对自己所选择的预科课程都不甚了解，选择非常盲目并存在误区。

* 误区 1：一定要找定向预科。

所谓定向预科，一所大学的预科课程毕业后，成绩通过能确保被这所大学录取，如华威大学预科、伦敦大学亚非学院预科、苏塞克斯大学大学预科（SG），纽卡斯尔大学预科（INTO）等。通常情况下，学生学习此类预科课程后，只要预科成绩达到大学入学要求，不需要重新考雅思，就能直接攻读该大学的本科课程。非定向预科课程，一般由私立或者公立学院开设。学生学习非定向预科课程，在申请大学本科前，需要重新考雅思。并需要通过 UCAS（英国大学院校入学委员会）申请本科学校。

* 误区 2：根据学校的总体水平来选择英国大学预科。

一般而言，学校的综合实力越强，预科的水平也就越高。英国顶尖名校从不开设预科课程，比如牛剑、伦敦经济学院以及帝国理工等，但这些大学也接受英国一流大学的优秀预科学生。因此如果目标是英国排名前五的顶尖大学，选择名牌学校的预科也就尤为重要了。

* 误区 3：一定要选择通过率高的英国大学预科。

选择英国大学预科时，切勿盲目追求排名。所谓的英国大学预科排名是无稽之谈。英国很多大学都将预科课程外包给教育集团运作，比如 SG, INTO, KAPLAN, Cambridge Education Group, Navitas 等，历年谢菲尔德大学预科（KAPLAN），曼彻斯特大学预科（INTO），兰卡斯特大学预科（SG），埃克赛特大学预科（INTO）通过率都较低，原因很简单，这些学校排名高，入学要求高，绝大部分学生都会因为无法达到录取标准而被分流到其他学校。

* 误区 4：优先选择英国大学自己开设的预科。

英国大学自己开设的预科。比如，教学质量有保障，学生录取几率比较高，大学对本校预科学生一般用词是“保证”（guarantee）录取。其次，也可以考虑英国大学在其官方网站上的指定学院开设的预科，英国大学认可这类预科课程，对这类预科用词是承认或者认可（“Accredited”或者“Recognised”），但不“保证”（guarantee）录取。

※ 英国大学本科申请

英国大学本科段教育包括国家高等教育证书文凭（HNC/D），预科学位（Foundation Degree），和学士学位（通常所说的本科学位），就需要通过英国高等院校招生办公室（UCAS）进行本科段的申请。

* 须知 1：什么是 UCAS？

UCAS 是英国大学院校入学委员会，提供英国大学申请入学服务。对 336 所英国大学院校之申请，皆必须通过 UCAS，学生不能直接向学校申请。学生递交 UCAS 申请时，最多可填写 5 所不同的学校（或课程）。

* 须知 2：每张申请表可以填报几所院校或专业？

最多填报 5 个课程志愿（如果你向同一所学校申请两个专业，这算作两个志愿），但如果你申请的是医学，牙科学或兽医科学 / 医学，那么你只能填报 3 个此类专业（如果你愿意，还可以加上两个医学，牙科学和兽医科学 / 医学以外的专业）。你也可以只填报一个志愿，如果没被录取，最多可再增加到 6 个志愿。目前的申请收费标准是填报一个志愿为 11 英镑，填报 2~5 个志愿为 21 英镑。申请人每年只能向高校招生办公室申请一次。

* 须知 3：UCAS 的申请方式有几种？

目前，你可以通过 UCAS 选择以下三种方式来提出申请。

方式 1：已获所在学校组织统一在 www.ucas.co.uk 进行网上申请。

UCAS Apply 是一个网上申请系统，你可以利用这个系统直接通过 UCAS 提出申请。这个系统是针对个人用户以及在 UCAS 登记过的院校设计的。网址为：www.ucas.co.uk/apply

方式 2：电子申请系统（EAS）。

EAS 是一个在电脑上使用的系统，申请人可以在学校或家里的电脑上填写申请表。它基于 CD 盘的产品，不能由申请人个人提交，申请人必须通过教师或学校的就业指导老师在网上向 UCAS 提交申请。相关网址：www.ucas.co.uk/schools/eas/index.html

方式 3：通过合法英国大学代理机构递交。

本科申请较为烦琐，学生学业紧张，无暇顾及，很多学生会选择委托中介机构代理申请。如委托代理机构需注意：首先对方是否是英国大学授权的合法代理机构，请务必在查验代理证书或向委托学校核实后委托授权代理你的申请。其次该机构是否是UCAS注册机构，如是注册机构会有机构注册号，这些机构在办理时会更好，更快地和院校沟通。

* 须知4：应该什么时候提出申请?

在9月1日至第二年的6月30日之间的任何时间提出申请（来年9月入学），但申请牛津或剑桥大学，或医学，牙科学，兽医科学/医学或B类艺术课程除外。

为确保你选择的英国大学会考虑你的申请，必须要在1月15日以前申请同年9月开学的课程。如果申请的是某些大学比较热门的课程，而UCAS收到申请的时间又晚于1月15日，那么就不能保证所申请的英国大学能及时考虑你的申请。

* 须知5：有哪些后续工作?

附加申请：如果你未被所申请的5个志愿学校录取，UCAS附加申请功能可以帮助你无需等到最后的清理阶段就能再次申请学校。附加申请每年从3月中旬开始至6月底结束，它完全是一项供学生自愿选择使用的服务。在此期间，通过这项附加服务而申请的课程，会显示在UCAS网站上的课程搜索栏里。申请人可以直接与大学或学院联系。

清理阶段：清理阶段的目的是将仍未被录取的学生安排到仍有名额的大学和学院去。这一过程在7月至9月底进行，但是剩余名额要到8月中旬才能公布。

※ 英国大学硕士申请

英国移民局数据显示，超过60%英国留学生就读英国大学硕士课程。近年来随着中英两国教育合作项目增多，合作办学学生比重也越来越高。合作办学学生往往通过1~2年的时间完成本科学位，希望再选择一个更好的学

校继续硕士学习。由于中国学生所熟知的学校非常局限，申请的专业相对集中。同时又要面对来自在中国大学本科毕业的同胞们的竞争，把握住以下几个要点相信会有一定帮助：

* 要点 1：申请英国大学硕士何时开始为好？

英国大学硕士课程是每年 9 月底左右正式开学，提前一年就开始接受申请。故建议在当年 10 月到第二年 3 月期间递交申请为好。个别大学或个别专业有特别提出的申请截止日期。英国大学处理硕士研究生申请周期通常为 4～8 周。热门大学或专业需要 10～12 周，所以一定要预留出学校审理和确认录取的时间。

* 要点 2：选择什么样的英国大学和专业呢？

大部分学生希望继续申请本专业的硕士，建议可以参考一下各大报纸的英国大学专业排名和 RAE（Research Assessment Exercise）排名，RAE 是唯一英国官方的排名，主要评估各大学的研究水平。一般来说，各大学都有自己的强项专业，专业名称和课程安排也不太相同。申请者要具体考虑哪一个专业适合自己，不能单看排名。

* 要点 3：是否需要准备好所有申请材料再递交申请？

英国大学录取者非常看重申请者的自述信 (PS)、推荐信 (Ref) 及成绩单等其他材料。他们希望看到申请者经过精心准备后提交的申请材料。特别是自我陈述，必须认真对待，这也是英国大学全面了解申请人是否适合该硕士的关键。但如果等全部材料都准备好，再递交申请，你已经错过了申请的黄金时期了。所以当主要申请材料（PS，Ref 一封，在读或以往成绩单）准备好后即可递交申请。

* 要点 4：如何准备英语成绩，对于申请英国大学硕士有何特别要求?

雅思成绩，不是是否被录取的必要条件。也就是说为了不错过最佳申请时间，往往可以先递交申请，再根据所录取的情况看是否需要重新考雅思，部分英国大学对已经在英国完成本科学位的学生申请硕士时无需再提供雅思即可被直接录取。总体上说申请英国大学硕士商科、社会学、文史类专业的入学要求是雅思 6.0~7.0，理工科专业的入学要求是 6.0~6.5。部分学校对雅思单项也有要求。如果学生在申请硕士时已经有雅思，则需要一并提供，如果雅思考的不理想，不建议递交。如未考，则最好在申请材料上说明何时考试。

总之，申请英国硕士并不难，但应认真准备，细心研究每个大学的要求，从而针对性地准备材料，切勿好高骛远，错过最佳申请时间。

建议：

① 仔细阅读大学专业说明及录取要求。

② 充分评估自己的条件，明确申请目标，不要盲目多投申请材料，一般 3 所为宜，因为往往录取后，英国大学要在 4~6 周确认。

③ 写作时应清楚明确，不要离题，也不要表现得过分自信。重要的是给学校一个专业、认真的印象。

④ 得到正确的信息和专业的指导，在专业人士的指导下申请理想大学，理想的硕士专业。

※ 英国大学博士申请

在英国读博士通常需要三年时间，相对其他国家四至五年甚至更长的时间，这是一个优势。

* 常识 1：申请条件及所需材料

① 雅思 7.0，单科不低于 6.5（部分大学对在英国完成本科的学生无需语言成绩证明）。具有正规硕士学位。（需提供成绩单、学位证明）

② 获得学士学位者亦可申请，但需要有非常优秀的成绩（2.1 以上）。

对中国学生而言要求全国前 80 名的大学，全年级前 3 名成绩，90 分左右。

③ 很多中国学生不是很了解这个情况，即使是硕士毕业，对方也很重视在本科时候的成绩。

个别方面的专业例如管理类的，可能可以要求没有硕士学位，但是要有一定的工作经验。一般情况下本科毕业生直接申请博士的很少。

④ 个人陈述（Personal Statement）。（言简意赅，学术背景、研究方向、申请理由、研究计划）

⑤ 2~3 封推荐信。

推荐信的内容要包括对你的学习成绩、科研能力、合作精神和学术成就等方面的介绍。并且要求有盖章和专用信笺纸。

⑥ 一份研究提案（Research Proposal），字数由学校自行规定，最多不超过 1 000 字。

⑦ 成功的提案衡量标准：研究内容、目标、现状、研究方法、研究价值。

* 常识 2：申请流程

① 择校。

一般可以选择 5~10 个学校，拉开档次，分清主次。可以参考专业排名以 RAE 为主。

② 联系导师。

选择与自己专业对口或相近的导师，主动和他联系并将自己的简历、学术论文等能证明自己学术能力的文件和两到三个推荐人的名单地址寄给对方，告诉他你的意愿。一般来说导师由于对你的情况不了解，会回信让你直接与主管 PhD 入学的部门联系，但至少这样做会让导师对你有一定的印象。申请是否成功很大程度上取决于联系大学的导师和研究课题。

③ 下载申请表填写邮寄。

④ 找推荐人，完成推荐信。

推荐人必须分别对你大学期间、研究生期间和工作的情况有深入的了解。一旦你的申请被受理，学校将直接可能与他们联系。注意，对于英国大学来说，申请人的推荐人是一个重要的信息来源，所以你选择推荐人一定要慎重，要有足够的资历和可信度。推荐信的内容要给人以充分的可信度。

⑤ 完成研究提案（Research Proposal）。

先找导师要几个他推荐的研究方向，在这几个方向上广泛阅读，找自己的兴趣；在感兴趣的方向上深入阅读近 2 年来主要数据库的论文，准备好后开始写 proposal，篇幅不限。

⑥ 把学校要求的各种证明材料汇总装订并邮寄给学校。

⑦ 如果申请成功则开始着手准备面试。

这是导师全面了解申请人的最重要的机会。一般来说，如果一个导师需要招 1 个 PhD 学生，他会面试 6～8 个申请人。面试的主要内容就是学术内容的谈话和聊天，是双向的交流。

⑧ 申请博士最好在入学时间的前一年就开始着手进行。

Part 2 入学报到

请事先准备好入学材料，包括：学校出具的CAS letter，在读学校的录取通知书，个人护照，有效签证。到学校之前，请仔细查阅学校的入学报到日期、线路和报到地点，通常情况下，报到的地点是学校的students service。报到时请注意：学生证、在读信息网上注册、学费交付收据、课程表、学校及中国学联组织的各类迎新活动（迎新活动有助于方便了解学校基本信息、在校生活情况、当地风俗习惯，同时可以结识一些新的朋友）。

※ 学校各类办公室简介

国际办公室International Office：协助解决所有国际留学生衣食住行等问题。

住宿办公室Accommodation Office：协助解决在校学生住宿问题。

就业办公室Career Service Office：提供就业咨询、招聘信息及就业讲座。

金融办公室Financial Office：帮助国际学生在学费问题上提供咨询及建议。

社区就业中心Job Centre：以社区讲座的形式协助留学生就业。

学生会Student Union：提供学习生活中的各种社会活动（各地中国学联是广大中国留学生广泛参与的在校社团）。

运动中心Sports Centre：为在校学生提供相关运动设施，并组织各类体育比赛。

※ 奖学金制度

英国的奖学金不同于美国，多是自费，可获得经济资助的学生群体相对较小，英国奖学金分为以下几种：

* 政府奖学金。

英国政府每年为最优秀的申请人提供多种全额或半额不等的奖学金，其中包括：

① 志奋领奖学金（chevening scholarship）

该奖学金由英国外交部和联邦事务部提供资金。申请人为具有本科以上学位的专业人员，详细信息请参阅：www.britishcouncil.org 。

② 苏格兰奖学金（Scotland scholarship）

由苏格兰行政院提供资金，英国使领馆文化教育处负责管理。奖学金授予就读科学技术和创新型工业学科的学生。详情查阅：www.scholarship.com。英国海外工业培训计划（BOND），是英国贸工部 1998 年启动的项目，目的将中国主要发展领域的人才推荐给英国公司，以促成双方的商业合作。

* 企业奖学金。

奖学金由大型企业提供，旨在提高企业知名度和培训优秀人才。例如，荣业航奖学金。

* 国际合作组织奖学金。

分三类：

① 艺术和人类学研究，网址：www.ahrb.ac.uk。

② 独立学校委员会信息服务，网址：www.iscis.uk.net 。

③ 联合国教育科学及文化组织，网址：www.unesco.org 。

* 个人奖学金。

该奖学金在不同的学校有不同的资助人，提供专业奖学金。例如，福特奖学金（Ford foundation international fellowships program）。

* 教育机构奖学金。

英国有很多教育机构为优秀的留学生提供奖学金。例如，曼彻斯特国际留学生奖学金（Manchester international funding），牛津大学克拉伦登基金奖学金（Carendon fund bursaries）。

* 学校导师奖学金。

在读博士可得到项目导师提供的项目资金支持。

* 优秀自费留学生奖学金。

由中国政府提供资金，旨在鼓励品学兼优的自费留学生。

2010年“国家优秀自费留学生奖学金”项目介绍（Chinese Government Award For Outstanding Self-Financed Students Abroad）。

为体现国家对自费留学生的关怀，奖励优秀自费留学人员在学业上取得的优异成绩，鼓励他们回国工作或以多种形式为国服务，经教育部批准，国家留学基金管理委员会于2003年设立了“国家优秀自费留学生奖学金”项目，几年来共有1900余名在外优秀留学人员获奖。现将2010年“国家优秀自费留学生奖学金”项目介绍如下：

① 奖励规模为500人，在自费留学人员较集中的美国等29个国家实施，具体国别为：

美国、日本、英国、法国、德国、加拿大、澳大利亚、俄罗斯、新加坡、瑞典、荷兰、新西兰、爱尔兰、乌克兰、韩国、芬兰、南非、丹麦、比利时、泰国、奥地利、瑞士、挪威、白俄罗斯、意大利、西班牙、葡萄牙、以色列、捷克。

奖励对象为一年级以上（不含一年级）、年龄40岁以下（1970年1月1日后出生）的自费在读博士生，奖励金额为5000美元/人。曾获得该奖学金、曾享受或正在享受以国家留学基金资助方式派出，以及已获国内外第一博士学位的人员不予奖励。

为体现“公开、公正、公平”原则，奖学金评选工作严格按照“个人申请，资格审查，专家评议，网上公示，择优推荐，国内终审”程序进行。采取国外限额推荐，国内差额评审的办法。未经驻外使（领）馆或教育处（组）网站公示的人选，国内不予终审。

② 按照《国家优秀自费留学生奖学金实施细则》规定，各驻外使（领）馆教育处（组）负责奖学金的受理和初审工作。具体受理时间请咨询各有关驻外使领馆教育处（组）。各有关驻外使（领）馆教育处（组）将推荐人选名单经网站公示后报回国内。

国家留学基金管理委员会负责组织国内专家对推荐人选材料进行终审，获奖结果经教育部批准后公布。

③ 申请人应填写《国家优秀自费留学生奖学金申请表》并按照要求准备有关申报材料。

Part 3　在校学习

※ 学习时间

英国的本科学制为三年，硕士研究生学制为一到二年，博士研究生学制为三到五年。

英国大学通常每学年有三个学期，每个学期学制为 10～14 周。法定假期包括：圣诞节（12 月初到 1 月初）、复活节（4 月初到 4 月下旬）、暑假（7 月到 9 月）。

※ 教学体制

英国的教学体制相对灵活，旨在根据学生个人的爱好和发展方向做出课程选择。除必修课程外，通常会设置与专业相关的选修课程。学生可自主地根据需求选择课程。课程作业包括：个人项目（coursework）、小组作业（groupwork）。

作业与考试综合考评作为最后成绩。

注意：英国大学注重培养自主学习能力，包括：独立思考、资料搜集、数据分析、案例评析。熟练掌握及应用所学知识，配合实践分析，有助于更好地完成学业。

小组作业讲究相互学习、通力合作、批判式思辨、创造性分析。通过良好的沟通和交流，不但可以提高自己的英语水平，而且在共同完成项目的同时深入领悟知识、掌握技能。

※ 课堂学习

通常英国的各大高校都有在线教学系统，熟练掌握及利用此系统有助于

灵活而深入地学习课程。上课之前可利用此系统下载并查阅课程讲义进行预习，同时可根据历年学习资料掌握课程重点。

上课时应认真听讲。学习记录课堂笔记，有助于在复习的时候把握重点。同时，上课时要踊跃发言，大多数中国留学生仅限于自己明白老师的讲课内容，而不善于利用提问与回答问题和老师进行良好沟通。只有良好的互动，才能

更好地学习知识。应妥善保存并整理随堂笔记和课程讲义，这些资料在期末复习和论文写作的过程中都有非常重要的作用。在巩固知识的同时，加深对知识的理解。

※ 论文写作与资料搜集

论文写作在英国大学学习过程中具有非常重要的作用，学生通过论文写作将所学的知识与实际案例相结合，这已成为课程学习的重要组成部分。

论文写作应注意的有：

- 论文题目：论文题目在课程之初就会给出，建议合理地分配时间以完成论文。注意题目要求，明确并理解题目内容（很多学生因错误理解题目要求导致论文跑题）。
- 文献回顾：文献回顾是论文写作的重要部分之一，建议认真审阅并整理相关文献以更好地完成论文。
- 资料搜集：资料搜集可通过课程讲义、学术期刊、专业书籍来完成。应有效利用在线教学系统，熟练掌握从系统数据库下载相关文献的技巧，对论文写作有非常大的帮助。

注意：可利用 google 搜索所需的文献资料和相关信息，但是请保证文献的可读性和研究技术性。另外注意严禁抄袭。

※ 毕业论文写作简要说明

根据专业的不同，毕业论文在结构和形式上也有不同。通常毕业论文是对一个研究课题的研究过程和分析得出结论的总结报告，一般具有以下特点：

- 对研究课题的介绍，解释课题选择的原因和背景。
- 对现有文献进行归纳对比分析。
- 对课题展开调研，包括计划实施，方法介绍。
- 陈述调研结果。

- 将调研结果与文件综述进行对比分析。
- 得出结论。

※ 论文结构

论文结构包括：

- 题目（title）：小范围，针对性强，利于数据收集和分析。
- 摘要（abstract）：简要概括全文思想、观点和结果。重点突出，结构清晰。
- 引言（introduction）：简要介绍课题研究的背景、理由。重点突出，避免复杂的论述，明确论文结构，强调写作目的。
- 背景介绍（background）：阐述课题研究的背景，概括论述相关文献。
- 研究方法（methodology）：通过定量分析或定性分析来确定课题研究的方法，陈述课题研究的流程、任务和研究体系。
- 数据收集（data collection）：可采用的方法有：采访、问卷调查、案例学习、文献分析等。
- 数据结果（finding）：通过以上方法得到收集的数据结果，阐述与课题研究问题相关的数据结果，找出其规律、分布特点、趋势特点。
- 数据分析（data analysis）：通过数据结果与课题研究问题的对比，分析数据来源、数据结果，旨在论证课题研究问题的关系。
- 对比讨论（discussion）：通过数据验证课题提出的观点与假设，分析课题研究所得数据的作用和意义。
- 结论与未来研究方向（conclusion & future work）：归纳全文论证的要点，指出课题研究的局限性和未来可能研究问题的方向。
- 参考文献（bibliography）：严格按照参考文献来源，正确列举文献格式。
- 附录（appendices）：通常是论文中分析课题结果所得的图表。

※ 项目演示

项目演示是课程学习的重要组成部分，是展示所学知识与口语表达能力的综合体现。

项目演示内容包括：

- 首页（front page）：标题、副标题、姓名、日期。
- 简介（introduction）：演示问题目标和结果。
- 背景介绍（background）：项目背景。
- 项目主体（research body）：介绍项目的主体内容。
- 总结（summary）：对论述问题总结分析。
- 参考文献（reference）。
- 回答问题（Q&A）。

注意：合理把握时间，语速不要太快，要保证陈述流利、清晰，合理利用肢体语言，积极建立与听众的互动。

※ 英国文具店、书店介绍

- WHSmith：书报杂志、办公用品连锁店。
- Stationery：办公用品连锁店。
- Ryman：办公用品连锁店。
- HMV：音像出版物连锁店。
- Waterstones：连锁书店。
- Blackwell：连锁书店。
- Johnsmith：连锁书店。
- Foyles：连锁书店。

网上购书常用链接：www.amazon.co.uk

www.ebay.co.uk

各个城市都有私人开的书店和文具店，伦敦地区 Charing cross 是最著名的购书一条街。

Part 4 毕业须知

每个学期学校都会公布个人成绩单，等学业结束，课程成绩符合毕业要求，学校会颁发毕业证书、学位证书、成绩单。硕士研究生毕业成绩通常分为三个等级：优秀（distinction）、良好（merit）、通过（pass）；本科学士学位毕业证分为 4 个等级：first, upper second, lower second, pass。

学校每年的毕业典礼通常安排在 1 月至 3 月，每个学生可有额外两个名额参加毕业典礼，学校会在毕业典礼上颁发毕业证和学位证书。学生可准备相关材料与驻英使馆教育处联系办理《留学归国人员证明》（具体介绍见本书第 168 页）。学校会通过就业办公室为毕业学生提供就业或实习讲座、招聘会等信息。学校会在毕业前组织编写校友录、拍摄毕业照、组织聚餐和毕业舞会。

注意：

- 学校出具的个人材料，需要进行系统备份，以免不必要的麻烦。
- 学校的个人邮箱使用期限为 9~15 个月。
- 根据回国时间提前订购机票。
- 学生可利用课程结束到毕业典礼之间的空闲时间出国旅游，购买特色商品馈赠国内亲友。
- 打包行李，留下简单的随行物品。不随身携带的物品可通过海运提前寄送国内（行李托运可考虑空运或者海运，空运价格过高，通常使用海运，但海运时间较长）。

网站参考：www.dragonsea.co.uk

www.7sevenseas.co.uk

- 回国前将手机合同、银行账户注销，以避免不必要的麻烦。
- 可购买一些礼品送给亲朋好友，购买礼品可以退税。退税要求：离开英国前三个月，离境时可携带相关文件，在机场办理相关手续。建议提前2~3小时到达机场，以免耽误班机。

Part 5　英国前十名校招生官访谈录

本书附录部分独家收录了英国顶尖院校招生主任们亲自揭秘录取招生潜规则，从"掌权者"口中探知录取的真相。如何入读剑桥大学？听家长的？听亲戚的？听中介的？还是直接问招生主任吧！

※ 对话剑桥大学副校长 Lan Lesile

——剑桥大学副校长：我眼中的优秀中国学生

问题：众所周知，剑桥已经走过了八个多世纪。人们难以想象一所大学如何在那么多年之后还是可以受到全世界的欢迎。此时正值剑桥大学800年校庆之际，那么，是什么使得剑桥大学历经800年的沧桑，直到今天仍然能够这么受欢迎？剑桥大学经久不衰的魅力究竟来源于哪里呢？

L：这个问题很难回答。从某种程度上讲，这的确是一个很大的成功。也的确有一些因素促使剑桥获得成功。比如，我们一直以来都招收最优秀的学生，吸纳最出色的教师队伍并为其提供各种资源和机会。最优秀的师资力量，最优秀的学生齐聚剑桥，并且这二者之间不是简单的教授的关系，而应该这么说，剑桥提供了一个环境，让最优秀的思想相互碰撞，这二者是相辅相成的。剑桥经历了很长的时间达到这一目标，并且我们必须将它坚持下去。创业容易守业难，所以我们必须每走一步都很谨慎。招收最优秀的学生，吸纳最出色的教师队伍是我们必须坚持的原则。

问题：在中国有一种说法称剑桥需要的是天才，传言称剑桥只招收极少数天赋异禀的学生，事实是怎样的？您能帮我们澄清一下疑惑吗？很多中国的普通家长和学生都怀有这个的疑问，比如，我到底是否符合剑桥的要求，我可以申请剑桥吗？

L：要知道，剑桥的确需要非常优秀的学生。我们鼓励大家申请剑桥大学，但是正如我前面提到的，剑桥只招收最优秀的学生。

问题：具体是什么样的优秀学生呢？是那些在专业上有着出色表现的学生还是天才学生？优秀的标准会具体体现在哪些方面，只要课业成绩表现优异就可以获得剑桥的青睐吗？还是说不光如此，剑桥青睐的仅仅极少数的天才少年，智商 190 的那种？

L：剑桥更需要我们的学生具有专业学习能力，证明你未来的几年有能力在剑桥继续学业，学生自身已具备相当潜力，剑桥扮演一个很好的启发和引导的作用，开启智慧之门。那么，专业的学习能力具体依靠什么来体现呢？我想学生过往的成绩是一个很好的体现，所以，你看将学生的专业成绩和学习能力二者区分开来是比较困难的。尤其是针对研究生申请者过往的申请，学生在大学期间学习的成绩是对学生学习能力的最好的证明之一，我们期待有更多优秀的学生申请剑桥。

问题：现在全球都受到金融危机的影响，有传言说，有的学校就不得不将一些留学生拒之门外，或是放弃一些奖学金的发放。在剑桥有类似的情况发生吗？剑桥大学会减少对国际学生，特别是中国学生奖学金发放吗？很多中国学生非常关心金融危机对奖学金发放制度的影响，正如您之前所说，中国有很多优秀的学生希望能够申请到剑桥大学。但是高昂的留学费用或许会使他们望而却步，奖学金或许是他们通往理想殿堂的唯一希望。请校长先生帮我们解答一下。

L：剑桥的多数基金都是部分性的。我们必须要看看接下来的发展情况再采取相应措施，现在金融危机带来的影响还不好做出全面的估量，不过针对你上面提出的问题，针对留学生设立的奖学金的确是减少了一些。

问题：那么对此剑桥做了哪些努力以应对金融危机？

L：据我们所知，从另一方面来讲，目前针对留学生设立的奖学金的资金来源都很有保障。

问题：在剑桥所有的留学生中，中国学生的数量是最多的。您可以稍微解释一下吗？因为在牛津，最大的留学生群来自美国。

L：是这样，牛津有针对美国学生设立的奖学金计划，所以这一点对美国学生有很大的吸引力。剑桥也有类似的奖学金，相对来说是对学生开放的。

问题：有专门为中国学生设立的奖学金吗？

L：没有。因为有太多留学生是来自不同国家的。所以很难面面俱到。

问题：什么样的中国学生是剑桥所期待的？

L：我们不会特别地在意这个学生究竟是来自中国的，还是其他国家的，做到全球性选拔的公平。

问题：在剑桥的中国学生学习都很刻苦吗？作为校长，您对中国学生的学习态度满意吗？

L：在剑桥的每位学生学习都很刻苦，不只是中国学生，美国学生、印度学生，要知道能进入到剑桥这所大学继续学业，他们必须首先是优秀的。进入到剑桥后，每一位学生也都很认真地对待他们的学业，在剑桥的每一位学生学习都很刻苦。尤其是研究生，因为他们要投入更多的时间和精力在学业上。

问题：中国是一个人口大国，也有自己的大学入学考试——高考。但是这样的教育体制也存在着一些问题，因为这样的考试体制可能会埋没许多有潜力的学生。剑桥的录取体制和中国的教育体制之间，会有冲突吗？正如您此前提到，剑桥只招收最优秀的学生，体现优秀的最有利证据就是过往的课业成绩，但是高考的确是有可能埋没部分因一时发挥失常或其他什么原因而错失机会的优秀学生。

L：在对本科生的录取方面，我们依照的是英国标准，例如最普遍的A LEVEL。我们还需要学生拥有非常高的综合素质。这一点我们与中国很不同。

问题：您认为剑桥大学最吸引中国学生的地方在哪里？

L：首先，学生了解剑桥的历史、文化，通过对剑桥的了解，更重要的是学生们相信目前，剑桥就是世界上最好的地方，可以进行学习，研究。剑桥是一个非常好的地方，是世界上最好的地方，适合在这里潜心地学习和研究。

问题：现在中国的发展非常迅速，但对于中国目前的教育发展您有哪些意见？

L：无论是中国经济方面取得的巨大成就还是中国大学教育体制的改革都是令人震惊的。可喜的是，中国大学发现优秀人才方式方面做出的变革和努力也是非常惊人的。至于现在的中国教育体制，我想应该有更多的大学成为研究带头人，同时还应该有能接纳更多大量优秀学生的教育体制出台。

问题：剑桥与许多的中国大学都有合作交流，具体有哪方面的合作项目呢？

L：在每个方面我们都有合作，都是学术交流合作。

问题：在北京，剑桥有具体的合作对象吗？

L：我们与北大，清华都有合作，学术交流方面的互访等等，可能有些特定的研究生专业在本科专业中并没有体现。不过我们需要的学生应该比一般人更有创造力。

问题：会有中国教师来剑桥深造吗？

L：会有一些中国教师是以访问学者的身份来剑桥做一些学术性研究。我们的一些教授在中国也有同事。我们也鼓励交流生等活动。

问题：不少的中国学生、教师都很想来剑桥接受培训。在剑桥有类似的项目吗？

L：目前我们还没有类似针对教师的培训计划。

问题：前不久我在一本一位美国学者所写的书上读到，英国已不再是留学生的首选，英国的教学质量下滑严重，也提到了剑桥也不再是排名第一的学校了。这样的言论在国内，并非个别现象，很多学生和家长都有对英国教学质量的无谓的担心。跟风似的，现在许多的中国学生好似更倾向把美国作为留学的目的地而非英国。我想，这可能是出于一些奖学金资助方面的考虑，比如美国发放给国际学生的奖学金相对优厚，可能也有原因是对美国开放的教学环境的向往。当然我本人不这么认为。

L：当然，美国是有非常优秀的教育机构，但并不像有的人认为的那么多。要知道，英国是有足够优秀的学校。在基金组织、移民政策或政府政策等方面，美国、英国会各有不同。一些美国学校的确有更多针对留学生而设立的资金资助，但英国有更多优秀的学校。我们也会努力继续吸纳更多的优秀学生。正如您刚才指出，中国有着世界上13%的人口。如果剑桥有18000名学生，其中可能就有700名来自中国。就英国的教育质量来说，这是非常有利的。

问题：如果中国学生听说美国更有吸引力，在这种情况下，剑桥会采取什么样的措施来争取更多学生的信任和认可？

L：我们需要做的就是确保中国学生来到剑桥能受到最好的教育，对于这一点我们也很有信心。我们不像许多美国大学那样尽可能地吸收更多的学生。

问题：对于中国学生，剑桥是否也有很好的经济保障？

L：是的。

问题：并不是许多的中国学生都对申请奖学金清楚，您是否能为他们提供一些建议？

L：这一点在我们的网站上都有详细的说明。我们还与中国的相关机构共同设立基金。

问题：有些大学在中国设立了相关的下属机构，比如分校、培训中心之类的，剑桥会吗？

L：我们不会。我们认为所有的机构都应该在剑桥里。我们会让剑桥成为理想的学术中心，这样会吸引许多优秀的学生。你必须要了解这所学校，不能一味地扩大学校。还应该清楚，它是否适合那个外部的环境。对外的交流也十分重要，还需要与有着知名度的学校交流学校在过去和现在所取得的各种成绩。需要让社会知道这所学校是对社会有贡献的。

问题：最后让我们来谈谈剑桥的传统。有言论称剑桥的传统已经跟不上现代的发展步伐了。对于这一问题，您怎么看？

L：这种说法我们已经听了好几年了。我们也在迅速地改变，我们所做的都是为了更好地适应现在的社会。

问题：最后请您对广大的中国学子们说一些您的体会。

L：首先，在剑桥的中国学生取得了出色的成绩，我们希望通过剑桥的教育这些学子可以在今后为中国的发展发挥出更好的作用。其次，我们希望大家知道，剑桥并不是面对任何学生，我们需要聪颖出色的学生。在剑桥我们也为学生们提供非常多的机会。最后我想提醒申请者们一点就是，申请牛津或者剑桥在填写申请表格上是有技巧的。在申请牛津、剑桥的表格中最好填 Preference College（优先选择学院）。如果学生把这个问题空着，就表明学生对牛津或者剑桥的各个学院没有倾向性或者任何偏好而选择了 Open Application（公开申请），如果填写了某个学院的名字则表明采用的是 Application to a college（申请一个学院）的方式，这两种方式都不是明智的选择。因为对这个问题的不同回答将直接决定学生在牛津剑桥申请之旅上迥然不同的申请程序和录取要求，甚至会直接影响申请的成败。

※ 对话剑桥大学招生主任 Pro.Cardwell

——剑桥大学找班主任：入读剑桥的标准

问题：中国学生可以通过何种途径入读剑桥大学?

C：有两种方式来申请剑桥。第一种是通过 EMERSON 体系，学生先要提前参加一些的笔试，然后再参加面试。第二种方式是，学生直接向学前的相关学院递交申请，我们会有选择地做一些筛选，这个过程要更有难度。我们每年大概会面试 100 名中国学生。面试是在上海，我们分别由 4 个小组来完成面试工作。

问题：你们是专程来中国进行面试吗?

C：不一定每年都是。我们面试的学生数量有限，所以我们必须要提前做一些筛选。选择通过 EMERSON 体系进入剑桥的学生们表现都非常优秀，其中申请工程学专业的学生中就有 60% 成功获得最高分数。

问题：请问这些都是中国学生吗?

C：在已被有条件录取的工程学专业的中国学生中就有 20% 成功。去年在所有申请工程学的现况中，有 61% 的学生成功通过 EMERSON 体系进入剑桥。我们也感到通过这样的途径很容易发现优秀的中国学生。

问题：我了解到您除了担任剑桥大学的招生办主任，此外也同时担任工程学专业的导师。

C：对。同时我也在招生办工作，所以我比较清楚（主要是理科方面）相关专业的招生情况。

问题：我们知道，大部分中国学生都倾向于申请剑桥的理科专业。

C：是的。我们的录取率大概是20%。我们需要学生在相关专业上有优异的表现。当然同时也能够与人进行英语交流。整个录取的过程都是把中国学生的利益放在第一位的。反之，进入剑桥就读的中国学生会远离家乡，学费也是一笔不小的开销，情况也会比较惨。所以我们必须要为学生负责。

问题：现如今有不少学生选择美国作为留学的目的地，而非英国。而在中国也有类似的一些传言，说英国，当然也包括剑桥在内已不再是学生留学的首选了。请问您对这一言论，是如何看待的？

C：我认为，剑桥对于留学生设立的标准和要求向来都非常高。其他一些大学所采取的某些措施我们是不会采取的。比如按照学生的经济实力来衡量学生。美国的许多顶尖名校中没有几所会面试学生。而没有面试这一过程就直接录取学生对剑桥来说是不可能的。全世界有许多声称名校的学校没有面试。有些学生会在试卷上有着出色表现，但在面试中，你可能就会发现他并不太适合学习这门专业。我们会非常仔细地选择有着出色专业表现的学生。我们会花4个小时的时间进行筛选。在这个过程中通常比许多其他学校多花将近10到20倍的时间。所以我们学校的质量是绝对有保障的。也正因为这样我们才会一直保持高标准。

问题：由于现在的金融危机，许多学校在选择学生时不仅会看他们的专业成绩，也会考虑他们是否有一些社会背景，或者是否有能力向学校捐助资金。

C：的确存在这样的现象。但在英国前28所大学中，我们是根本不会考虑这些的。能过进入剑桥，学生必须具备两种条件。一是有专业学习的潜力，这也是我的主要工作——选择这样的学生。二是学生必须通过相应的语言考试（如雅思）。这两个过程都是相互独立的。我从没有问过学生的家庭经济条件或者他们以后是否能挣许多钱。而许多学校采用这种方式来录取一些在专业上不符合要求的学生，然后再在他们身上花一年的时间培训。但是剑桥是绝对不会这么做的。我们的专业要求都非常严格，我们提供的两种入学方式也是独立的。没有一个导师会从经济方面选择学生。

问题：大家都知道剑桥被称为是高贵的学府。相比于比较有经济实力的学生，那些没有足够经济背景的学生进入剑桥机会并不大。是这样吗？

C：如果学生没有一点经济实力，那么申请进入剑桥学习肯定是比较困难的。作为一所英国大学，我们招收的主体学生还是英国本土的。我们需要遵照欧洲的相关法律条文。如果中国认为剑桥可以为其学生提供很好的教育就得因此付费，这是讲不通的。但是如果要在英国接受教育，就应当接受英国教育的要求和条件。所以中国也应该为中国学生负责，如果有需要，中国应该为这些留学生提供资金资助。我们需要的并不是有钱的学生而是那些既有优秀的专业表现又有经济能力学习专业的学生。在我们所接收的来自全世界国家的申请中，中国作为最重要的发展中国家，也是提供本科生奖学金最少的国家。

问题：在中国大陆，剑桥为贫困大学生设立了一系列奖学金。还有没有其他的奖学金，如何申请呢？

C：剑桥会通过奖学金资助学生但并不是完全资助。如果学生一点经济基础都没有，恐怕……

问题：这样的情况可能不会有。但的确有些学生有经济困难。请问在这一方面，剑桥有哪些具体的举措？

C：这正是问题所在。在新加坡，如果申请者没有任何经济基础，新加坡政府就会为其提供全额奖学金。而在剑桥就读的绝大多数马来西亚学生也是接受马来西亚政府全额奖学金资助的。可是由于一些原因，中国还没有类似的措施来解决学生的资金问题。当然能有中国学生来剑桥就读，我们感到很高兴，但中国还是应该为这些中国学生给予相关的资金支持。

问题：那么您认为中国的教育系统应该采取什么样的措施？

C：应该制定一些相关的政策。剑桥的大部分中国学生念的是理科专业。而中国有着比其他国家多得多的公司企业，他们可以拿出一部分资金来资助工程学或数学等专业的学生。但中国的工业却并没有在这方面做出任何帮助。

问题：我了解到一些中国学生来剑桥就读的同时接受了一些私营企业的资助，但是他们毕业后需要到提供资助的企业工作。是这样吗？

C：这很公平。既然学生事先接受了这些企业的资金资助，那么理应在毕业后到原先的企业工作。但是就我所知，没有一名中国学生由中国政府的全额奖学金资助的。在我所面试的数千名学生中，有新加坡，马来西亚政府提供的资助，但中国并没有。关于剑桥歧视贫困学生的说法一直都有。如果中国都不去资助中国学生，那么剑桥为什么要资助呢？我们清楚地向中国政府、中国企业和中国基金组织传递这个信息，中国学生在剑桥表现非常出色，他们现在所学习的将会对中国大有帮助。

问题：接下来让我们来谈谈招生流程。许多还是有一定实力的学生，不太清楚剑桥大学的申请流程，可以请您简要和我们谈谈吗？

C：在我们的网络首页上有着非常清楚的流程说明。首先需要学生在网上进行申请，接着需要填写一些相关问题的表格。当然学生们还需要向 Newcast 系统递交申请。有部分中国学生是向学院直接递交申请，也有学生是向学校递交申请然后学校帮助学生选择学院。也有学生是通过联系导师，从中获得申请方面的建议。学生会提前数月参加英语考试，接着我们会选择出想要面试的学生。我们会通知不用参加面试的学生不需要申请 Newcast 系统，这些学生只需要通过入学考试就可以了。如果学生认为自己非常符合条件，他们可以在 9 月 15 号之前直接向相关学校或学院递交申请。我们大概会选出 250 名这样的学生，然后其中大约 60 名有机会面试。我们需要挑选出这 60 名学生，这对我们来说非常困难。因为我们收到的申请中，大家来自不同省市，这也使得我们很难比较学生的专业表现。我们尽可能多地面试中国学生。面试通常是在 12 月份上旬。如果在剑桥，学生需要参加两个面试，在中国学生只有一个面试。

问题：一些参加了面试的学生说，面试当中的问题并不与其申请的专业相关。面试题有故意刁难的嫌疑。

C：在剑桥的面试不会。我们会问一些专业问题，针对申请工程学的学生，我们会想知道学生为什么想学习这方面的专业并能说出具体相关的例子。如果是申请物理方面的专业。我们会问他知道哪些现代物理知识，接着会有一些数学、物理方面的问题，或是现场提出一个问题要学生来解决。所以这些都与申请的专业相关。在我们的经济学专业的面试当中就有关于经济学的具体问题。

问题：请问，参加了面试的学生是不是比没有参加面试的学生更有机会？

C：没有参加面试的学生是不会收到录取通知的，仅仅凭一些书面材料来决定录取学生是不可能的。之前的工作都是网上进行的。

问题：在面试之前会有一些对学生的评估，比如学生的 PS、在校表现以及推荐信？

C：我们会全面考虑过后再发出录取通知的。我们需要看学生的 PS，在校成绩，个人材料以及推荐信。我们还会考虑到学生在面试中的表现。

问题：那么我们具体来谈谈，首先什么样的 PS 是你们所期待的？

C：我并不要求有完美的英语，在面试同样如此。在面试中，经常有学生不记得专业术语，那么我就会让他们说出相对的中文。如果学生的英语水平不太理想，我会做下记录如“专业表现优秀但需要 7 分的雅思成绩”，这样学生就会有更多的时间来提高英语水平。学生只需能用英语进行交流就可以了。

问题：这和其他学校的情况很不一样。其他学校对学生的语言要求都十分高。

C：我认为学生会学习得很快。我们更看重的还是学生在相关专业上的潜能。

问题：学生该有的雅思基本分数是多少？

C：7.0 分。在有些部分比如写作如果只有 6.5 分的学生仍有机会。去年有一名中国学生应该是我所面试过的学生中最优秀的。在面试进行到一半时我居然忘记我面对的是一名 16 岁的申请工程学专业的中国学生，我以为面试的是一位剑桥的讲师。这名学生的专业知识惊人的深透。在面试的 60 名学生中他应该是位列前 5 位的。至于 PS，学生需要的是我们相信他对于所申请的专业的热情、为什么会想念这个专业以及其他一些有亮点的地方。当然没有一个学生是因为 PS 的原因而被拒绝。如果学生的在校记录不令人信服，与其 PS 的内容不相符，又没有很好的推荐信。像这样的学生是不会有机会参加面试的。我们不会因为经济因素将学生拒之门外。面试的问题会与专业相关。我们需要了解学生的专业水平。整个招生流程绝对公平。

问题：在推荐信上，剑桥有什么样的特别的青睐？

C：有两点。首先在信中，老师应该说明该名学生在专业上有着怎样的表现。好的推荐信会对学生帮助很大。

问题：什么样的老师适合写推荐信？

C：老师应该很了解这个学生。如果学生不擅言表，那么一封好的推荐信就会帮助很大。在信中我们可能会了解到这个学生的特点。如果通过推荐信，我们知道这个学生擅长言辞，那么在对他面试之前我们会决定让面试更有难度，让学生更多地听而不是说。

问题：但有许多中国学生想让一些著名学者来写推荐信，然而这些学者却并不了解这个学生。

C：这一点值得注意。写推荐信的老师不需要多有名气。正如学生想上剑桥就是因为剑桥的名气，这个原因是错误的。正确的原因应该是剑桥能提供对的专业，能过帮助学生取得最优异的学术成绩。

问题：有说法认为剑桥只把注意力放在中国前十的大学中。是这样的吗？

C：不会。我们不在意学生出自多么优秀的学校。我们需要的是最优秀的学生。甚至有些出色的学生之前毕业的学校并不优秀。

问题：在中国有这样的传言说，只有毕业于清华才有资格上剑桥？您是怎么看待这一问题的？

C：不，任何人都有资格上剑桥。我们欢迎来自任何学校的学生申请剑桥。

问题：据说有些英国学校会歧视一些不太有名气的中国学校。

C：绝对不存在这种情况。如果现在面试两名学生，一名来自清华，但却回答不了最基本的问题，对于专业没有一点热情，专业知识有限。另一名学生来自一个名气很小的学校，但却非常出色，对专业有着很好的洞察力，毫不费力就能回答问题，并对专业有非常高的热情。这种情况下，你会选择谁？

剑桥希望能吸纳到那些在专业上有出色表现的学生。在看过学生的申请材料后，我们需要知道学生是否能学好这门专业。如果学生处于中上等水平我们也会录取。我们关心的并不是学生来自什么国家而是这个学生是否能学好专业。

问题：还有传言称，剑桥更青睐欧洲学生而非亚洲学生。

C：我们有 22% 的工程学专业的学生和 54% 的在读博士后都来自非欧洲国家。人们需要在了解了这些数据之后冷静地看待这个问题。我们在招生流程上做了许多努力，所有学生无论来自哪个国家，都可以选择来申请，我们愿意接受在经济上有困难的中国学生，但是很遗憾我们并不能帮助他们太多。希望中国能够多关注这个问题并能提供很好的实际解决办法。

※ 对话牛津大学国际办公室主任 Heather 和招生副主任 Paul

——牛津大学国际办公室主任谈选材标准

问题：牛津大学可谓是一个天才的天堂，全球优秀的学生都对这里非常向往。牛津只会青睐最优秀的学生，而非普通的学生。有一种在中国非常普遍的传闻说，牛津大学只看重中国排名前十的学校，例如北大、清华、复旦，等等。也就是说，其他的普通学校的学生能上牛津继续深造的机会很小，是这样吗？

H：不论学生来自何种水平的学校，我们都会鼓励大家申请牛津，不管是来自中国还是其他国家，甚至是英国。我们也了解到许多人都认为牛津是一个充满天才的偏僻小镇。其实并非如此。不仅有像 Paul 和我这样的人也可以进入牛津，这里还接纳许许多多的人才。不论他们有着怎样的个性，至少有一个共同点，那就是，这些人都很聪明，都愿意勤奋学习。而且我们也会有学术能力方面的考察。那么在本科生水平上您也提到了一些相关数据和情况，在申请者当中大约有 25% 的学生能过进入牛津，而这个概率还是相当高的。因为许多人已经事先淘汰了自己。我们鼓励大家申请。

请不要事先就淘汰自己，让牛津做决定。您刚刚提到的第二点是关于牛津将目标锁定在中国排名前十名校，那么在研究生方面，的确，我们对那些来自知名学校的学生很感兴趣也很高兴能接受这些学生。但同时我们也收到了许多其他的申请，而这些学生来自知名度太高的学校。我们也会做一系列有关全中国大学生的研究，这其中有太多类型的学校了。所以无论是来自名校的申请还是其他院校的申请我们很高兴能收到。再次提醒大家千万不要事先就淘汰自己，还有老师们，请不要让学生们丧失信心。

P：人们还会认为牛津学生不需要选择一门学科，尤其是本科生还有研究生。其实他们非常有必要找到一门自己真正喜欢的学科并且能够保持住这份热情。仅仅坐在教室里，照着老师说的做是不够的，学生还应该做好准备自己继续专业的学习，比如去公共图书馆借些书做一些查阅，或是去当地其他大学学习更多知识。所以，进入牛津的学生不仅仅因为他们是天才，更重要的是他们有热情自己做额外的，更多的学习。这样就会激发更多头脑灵活性和好奇心。

问题：在许多人眼中，把出国留学看成是一项奢侈的求学，特别是能入读牛津大学，对家庭条件一般的学生可能连想都不敢想，我这里有一份数据表明只有1/10的牛津学生来自比较贫困的地区，那么，有什么样实际的奖学金是针对这些学生设立的？

H：在本科生这块，我们有几种奖学金是针对非常优秀的中国学生而设立的，而其他的一些奖学金则是专门针对牛津本地的学生的。而相对于其他非欧洲国家的学生，中国学生获得奖学金的几率最大。我们还有一项中国牛津奖学金基金会。中国学生也非常有能力争取其他一些普通奖学金，这些针对的是在英国学习的留学生像志奋领奖，或是专门针对理科的奖学金。像这样的选择还是比较多的。不过可惜的是，我们没有设立相应针对本科生的奖学金。

问题：牛津是否与一些中国学校有交流生之类的合作项目？

H：我们和中国很多高校一直保持联系，比如北京大学，一直有很好的合作关系。牛津和北大都是世界研究中心的主要成员之一，还在其他高校如哈佛、耶鲁等。我们在一起联办夏令营等课程，前几周北京大学的两位学生来牛津接受短期课程培训，我们也同时送学生到北京大学接受教育，我们跟中国大学最大的合作项目是医学。

问题：我们来谈下最重要的——申请流程。对于申请牛津大学来讲，这是很多中国大学生的梦想，最近我知道牛津大学在入学申请表中作了一些改动。是真的吗？

P：是的，其实我们一直都会做一些调整以便改进我们的申请和录取系统。通常来说，对于中国学生，英国是比较容易申请的。通过Newcast系统，学生们可以申请到不少优秀的英国名校。通常一次最多可以申请五所这样的学校，牛津就是在其中。所以在这一方面大家不需有太多担心。我们既有比较完善的申请程序，而申请的学生们又有良好的素质和潜力。

我们还设置了附加的一系列流程以便选出非常符合条件的学生。在录取检测中涵盖了主要考察的两方面。大约有75%的学生会接受检测，检测的内容视所申请学科而定，例如法律方面的专业或是数学专业。申请的下一步就是面试那些成功通过检测的学生。所以我们会面试大量的学生并且期待有更多的学生接受面试。由于牛津大学高度注重学术性研究，希望吸纳学习多媒体技术的学生，所以我们从今年开始会以视频的方式来面试学生。在牛津，我们有书面的材料，而在中国各地区的学生将会通过视频来接受我们的面试。在此过程中我们会进行大约半小时的书面考察，然后我们和学生都会坐下来交流以便了解他们对所申请专业的所用所想。所以牛津大学的申请流程和许多其他的英国大学都有所相似。

问题：作为一名在中国从事英语教学数年的老师。三位我的学生都成为了牛津学子，对此我感到非常骄傲。据他们回忆，申请流程分别需要个人陈述，老师的推荐信，以及最后的面试环节。那么牛津又是以什么样的标准来衡量个人在校表现的？

P：一般有四个步骤，首先我们会看学生在校（高中）取得的学科成绩。现在由于香港学校素质考察体制的多元化，香港学生可能会在不同的评分机制下学习。所以有些成绩是已经取得的，而有些成绩只是全部成绩中的一部分，其他的得等到所有课程结束才会有，因为许多申请的学生还未大学毕业。在我们学校网址的首页上清楚标明我们所需要的成绩可以是部分成绩，只要申请学生已经相对比较符合条件就可以了。如果申请具有特定成绩要求的专业比如工程学，那么我们就会需要学生在那些方面的评估。如果申请比较特殊的专业，我们就会特别注重学生所掌握相关技能的情况。最后两部分：个人陈述和老师的推荐信，在申请过程中非常重要。因为我们还需要考察学生的其他方面比如书面测试，或是写作能力或者面试。我们需要通过这几步骤全面考察学生，同时从学术的角度来选择最优秀的学生。

问题：在本科生录取方面，牛津也通过 A-LEVEL、IB 以及雅思成绩来考察一些中国的高中生？

P：雅思成绩非常重要因为牛津大学的导师制的特性决定了学生无论是口语还是书面都应该拥有较好的英语水平。不仅在要求大量书面英语的英语专业或是历史专业，即使是在理科专业中，拥有良好的英语水平都十分重要。录取只有着高分数的学生的情况只是凤毛麟角，通常学生不仅在专业学习上需要有优秀表现还应在其他方面也拥有良好的能力。

问题：在这三种考试中，是否有受你们青睐的类型？

P：在这三种考试中没有哪一种是我们的首选，因为学生可能来自不同的地区，考试的类型也并不统一。

H：雅思是针对英语水平的考试，其他两种考试针对的是学生对所学专业知识掌握的情况。

问题：在中国，最普遍的考试是雅思。也有一些学生在很小的时候就来英国学习随后参加 A-LEVEL，您认为这种做法适合吗？

P：我们同样需要通过雅思或托福看学生的英语语言水平，这很重要。甚至对于本科生，我们的语言水平要求也非常高。我们对于学生的期待很可能多过其他英国大学。这一点需要区分开来。而 A-LEVEL 则针对的是专业学习的学术内容。我们也有一些拥有这些能力的学生是来自中国大陆的，还有一些学生是之前在英国的学校学习两三年。这样的情况下我们会以不同的标准考察学生。在录取方面，不论学生之前的学习背景如何，都不会有任何差别。可能之前已经在英国学习的学生会有一些机会或者优势，但这并不是我们看重的。

问题：有新闻报道相对于亚洲或其他国家的学生，欧洲国家学生颇受牛津大学青睐。

P：并不是这样的。

H：不管学生来自什么国家牛津都一视同仁。

P：其实通过数据我们可以知道，情况正好相反。

问题：现在我们来具体谈谈研究生录取方面的 GPA 要求。

H：和录取本科生一样，我们在录取研究生时也会进行全面的考察。我们会看 GPA，我们需要知道学生的英语水平是否达到要求，所以学生可以申请学士学位。各个学位又有不同的水平要求。如果是申请 PHD，我们会看学生的学术观点和所做的学术研究，之后会考察学生的学术观点是否与可能即将指导他的导师的观点相符。当然我们也会参考学生前任教授的推荐信。有些系会面试，有面对面的，远程的或者通过视频。我们会考虑到所有这些方面的考察。

P：这里需要注意的是在牛津，教学是一对一的导师制。所以我们在录取方面也是一样的。光看学术或者论文是不够的。在本科学习中，专业表现会决定学生是否适合学习课程。好分数固然很重要，但我们在录取过程中也发现我们需要了解学生的情况以及学生的优势长处。不过即使有的学生 GPA 不高，可还是有其他值得我们注意的优势。至于分数，只是我们考察学生的一部分。

H：我们选择学生看的是他们之前的在校记录如何。

P：学生也希望是通过自己进入牛津的。我们接纳学生是因为他们优秀。

问题：是不是许多申请的专业都要求有面试环节？令人遗憾的是，很多学生都是在面试环节上被拒绝掉的。

H: 申请本科都需要面试，申请研究生则视申请专业而定。

问题：那么在申请研究生面试过程中，学生需要具备怎样的特质才可以顺利通过面试呢？

H：在面试中，学生可以先做一个大概陈述，因为通过这种方式我们可以知道你想申请什么样的专业。陈述应该侧重于最想学习的专业。所以经常会有一些例如“你最大的兴趣是什么” 问题出现。

问题：能不能具体说下面试的流程？有传言说，牛津大学的面试题有些“故意刁难”的嫌疑。

P：对于本科生，面试的侧重点同样是学生最想学习的专业。面试并非智力问答，更像谈话。上课也同样如此，老师和学生之间更多的是谈话式的交流。我们要做的就是知道学生掌握了多少，之后再决定我们是否可以教授给他们新的知识，同时看看学生对于新掌握的信息的思考并将所学的新知识融入到答案当中的能力。例如在关于物理方面的面试中，我们可能会给你一个相关的测试，如果你成功了，我们会让测试变得更难一点，如果你仍然能给出漂亮的回答，那我们就继续增加难度，以此来看看到底能走多远。当学生被难住了，我们便会开始交流新话题。如果学生面试过后觉得每一题都答对了那么他们很可能已经失败了。如果学生过后觉得面试虽然很难但很有趣，那么他们已经从面试中学到了一些新知识，而且也很可能有了一次成功的面试。因为面试是和导师制相结合的。对于中国学生，他们应该在谈话中掌握主动性，并且自由地说出对所学专业的想法。我们并不希望他们吹嘘自己如何优秀，我们想听到的是他们说“我喜欢……”在申请本科的面试中，我们试图不让学生看到问题明显的关联性，但在问题和具体的专业学科之间的确存在着一些关联。面试中的问题总是和所学专业相关的，我们需要通过这些问题了解学生的想法，是否只关心在他们所知道的事物上。如果我们谈及新鲜话题，他们的反应又会如何。因为在大学里总是不断出现新的研究领域，新观点。我们想知道他们在面对新挑战时会做出怎样的反应。面试是录取的最后一个流程，在此之前我们会全面地考虑申请者的情况。我们也了解到有许多未能成功申请到牛津的学生，之后也进入了其他国家同样出色的大学并且取得了优异的成绩，之后他们会回到牛津学习研究生或博士课程。也许那才是他们进入牛津最佳的时候。

问题：对比美国的名校哈佛、耶鲁这样的学校，是否设有面试环节呢？

H：部分学校是有面试环节的，尤其是在申请本科时，美国顶尖的名校还是会有面试环节的。在牛津，申请研究生时，有一些院系是没有面试的。不同学院会有不同的安排，有面对面的面试，有视频面试，也有电话面试。其实大家不应该因为面试而选择退缩或放弃，面试无论是对于本科生还是研究生来说都应该是一次可以进一步了解牛津、牛津的教师还有可能即将学习的专业的绝妙机会。因为可以和教授们谈论我自己的想法。不管成功进入牛津与否，这都会是一次有意义的经历。所以在面试中，学生应该是提供尽可能多的信息。

P：有些学生不喜欢面试，但这正是牛津导师制的精髓所在。中国学生需要的应该是自由选择自己所感兴趣的话题然后深入探讨。

※ 对话伦敦政治经济学院 LSE 招生主任 Peter Williams

——伦敦政治经济学院招办主任谈大学排名

问题：虽然不能完全倚靠排名作为衡量一个院校优劣的终极指标，但是不可否认的是，排名确实具有它一定的可参考价值，特别是在几乎门类不同的大大小小机构都不约而同地把 LSE 排进英国院校的前五，请您给我们介绍一下 LSE 伦敦政治经济学院的魅力在哪儿，好吗？

P：要了解伦敦政治经济学院，最重要的是了解我们在社会科学方面的世界领先地位，LSE 建于 1895 年，我们的建立者当时建立学校的目的就是为了分享英国乃至全世界的社会问题。我们学校有非常高的研究能力，非常国际化。大部分的学生来自英国以外的国家。我认为这也是 LSE 的全球化特征。对于教学我们是非常强调的。

问题：正如您所说，LSE 是众多学生梦寐以求的高校，但现在有个谣言，在国内，不少机构和所谓权威人士都曾宣称，英国不再是世界一流国家，很多像剑桥、牛津和 LSE 等名校不再是中国学生留学的首选。很多学生倾向于美国留学而不是英国，请问，这只是国内范围的一个谣言，还是而今在国际上也都这么看待这一问题了，您如何解释这样的现象？

P：当然，学生找到好的学校以及好的课程是至关重要的，无论是在美国还是在别的国家。我认为学生要有一个明确的目标，知道自己的动机和知道自己想得到什么。英国的学习机制很有效果，因为它让学生可以在三年内完成本科课程和一年内完成硕士课程。例如，学生想来 LSE 学习经济，如果他们来学习四年的话，他们就可以本硕连读，四年就可以毕业。但如果在美国的话，四年的学习只是够完成本科阶段的学习。所以，对于学生已经有了非常明确的目标去学习一种专业和技能的话，英国的学习制度是非常适合和有效率的。另外我想说的是学生应该仔细了解他们申请的每一个学校。LSE 是一所国际性的大学，这里的学生和毕业生在商业、法律、政府等等领域扮演着重要的角色。我们的研究成果受到全世界其他研究所和学校的参照和拜读。所以我强烈地鼓励中国的同学们想在世界级的大学深造可以重点考虑 LSE。

问题：感谢您。正如您说，LSE 录取的学生是需要具备全球化的思维模式。我知道，LSE 在美国有着很高的声誉。比如我的一个学生在 LSE 的金融专业硕士毕业后去了美国读博士。她告诉我说她的教授大夸 LSE 在国际上的地位。因为她是LSE毕业的，而给了她很高的评价，我想这就是名校的国际地位。

P：我认为这是因为LSE跟美国很多高校有非常紧密的联系。我们有数以千计的美国留学生以及很多曾经在LSE接受过培训和毕业的学生活跃在世界的各主要领域，扮演起重要的角色。这也是归功于我们的研究成果。事实上美国和中国留学生是LSE的两个最大的留学生群体。

问题：你刚才提到了英国的留学期限比美国要短，那么很多人都怀疑过，这么短的学制课程是如何可以保证教学质量的？（英国本科三年，硕士一年。）

P：我想是因为我们录取的学生在来伦敦之前已经具备非常高的专业技能。这也是为什么我们有严格的录取标准。比如：学生想要学习会计。他们必须具备非常高的数学技能。这样我们一开始就可以从一个非常高的层面上培养他们。我们强调非常特别的学生。

问题：现在我们来谈下详细的申请流程，首先您认为什么时候申请最合适？

P：当然，申请越早肯定是越好。学生应该在他们正式入读学校前一年申请。如果学生想要2010年就读LSE，那么他们最早可以在2009年的9月申请，最后的申请日期是2010年1月15日。学生想申请LSE或者其他英国学校最好早点申请。最理想的是在10月份申请，这是我个人的建议。学生想申请像LSE这样的高校，千万不要留到1月中才申请。

问题：这个答案有点儿出乎意料，因为我读到很多国内指导留学的书籍上标明是申请截止日期前申请，效果都一样。而您直截了当地告诉我——说越早越好。

P：是的，这是依据我个人的审核申请材料的经验。我得告诉您，如果学生递交申请在1月15日后我们还是会审阅的，但录取的可能性不大。

问题：那么能否告诉我们，申请最后期限是什么时候？

P：每一年的最后申请时间是一样的，都是 1 月 15 日。只是星期几的不同。

问题：你刚才说学生必须要提早在学校录取前一年申请，但如果学生大学最后不能毕业或者还没有毕业，你会给他们发放录取通知吗？

P：大多数学生都是在最后毕业的那一年申请，我们会发放的是“有条件录取”，但我要声明的是 LSE 不会接受一切的学业证明。我们只接受一些被国际上承认的证书。一般来讲，A-LEVEL，一般英国学生和一些国家的学生都会参加的考试；IB, 对于美国的学生可以参加 AP 考试，对于中国的高中生，LSE 不太可能直接接受学生只用高考成绩申请 LSE，学生只用高考成绩不会被 LSE 发放有条件录取，他们应该有 IB、AP 或者是 A–LEVEL 成绩。如果学生有高考成绩并且准备参加这些考试或者已经通过这些考试，LSE 会发放有条件录取。在最后申请期后的 3、4 月我们会详细看他们的申请，如果他们在专业上非常的强，我们非常乐意他们来这跟我们学习，如果你能取得 38 分以上的 IB 成绩，3 个 A 在 A–LEVEL，LSE 会录取这些学生并且会留位置给他们。当然这些学生一定要完成他们的学业并且满足我们的要求。

问题：我想中国学生很难去参加 IB 和 A–LEVEL 的考试，一般情况下会去靠雅思和高考去申请，LSE 会不会接受这些成绩？

P：不会，学生可以去考雅思和托福等考试，当然雅思更加普通，学生至少考到 7 分的雅思成绩，四项的分数（听、说、读、写）也不能低于 7 分。我说的是本科阶段的学习。

问题：要让学生取得四项不低于 7 的分数可能很难，特别是对于一个非英国为母语的国家。有没有通融的可能？

P：要入读 LSE 还有一个途径，就是学生在完成自己的学业之后读一个大学衔接课程，可以在英国任何一个学校读。LSE 不提供任何的大学衔接课程或预科。但我们会录取在别的英国高校读完预科课程的学生。很多英国高校都开办一年制的基础课程。主要是为学生提供入学大学课程的衔接阶段。帮助他们提高专业英语，引导他们如何学习。我觉得对于基础不太好的同学们可以入读英国的基础阶段课程再入读 LSE，这样会更有效。

问题：我也觉得这个入读方法是很好。

P：这些入读英国其他高校预科课程的学生，我们在审批时会看他们是否已经完成了，并且他们需要参加我们的入学考试，我们会选择非常优秀的学生。

问题：优秀未免太笼统了，请您给出您对“非常优秀”具体是怎样定义的。

P：LSE 是世界名校，我们选择的学生一般在前 5 左右的比例。

问题：前 5, 是指班里还是学校？

P：是在全国范围内排在前 5% 之列的学生。我们会欢迎这些学生入读。当我们审批他们的入学材料的时候会考察他们的高中成绩，我们还会看他们老师所写的推荐信，和学生自己所写关于入读学校的动机和兴趣爱好。LSE 期望学生能努力学习并且能独立完成任务。学生不只是有成绩，更要对学科有浓烈的爱好。

问题：中国学生一直都非常的刻苦，但刻苦的学生不一定有机会入读世界名校，我想知道，LSE 会不会看重中国大学的排名？

P：对于研究生的课程，我想是的。在 LSE 就读的学生几乎都是毕业于排名前 30 的中国院校。我们在选择学校的时候会参考中国社科院的最新高校排名。我知道在媒体、网上也有相关的信息。在那里有 100 所高校的排名，我们会重点看前 30 的高校。

问题：但这些排名是有随机性和变化性的，您是依据哪个排名进行选拔的？

P：我知道这些排名会改变，但这个不是我们选择的绝对规定。其他高校的学生也同样可以申请。如果学生是中国排名前30的高校学生，我们期待他们的学术成绩平均在3.5以上(80分以上)，我们也会仔细看其他高校学生的成绩单，成绩平均要在3.6以上，也就是85分左右。

问题：我教过一些学生，来自比较普通的高校，想出国留学问我有没有可能被名校录取，我说，会。所有的学校会公平地录取的。

P：当然公平，我们是非常严谨，有非常清楚的入学要求，并且这些要求在网上早有公布，对于不同国家的要求也是不同的，但我们对每个学生都是公正，只要他们有能力做他们的研究。

问题：但有时候，当做出决定的时候不得不放弃其他优秀的学生。我想知道对于中国学生的录取有没有一定的份额？

P：对于任何国家我们都没有明确的录取份额，对于美国，欧洲是有大范围的份额考虑，但不会是明确的数字，当中国学生和美国学生同时申请一个专业的时候，我们不会凭感觉选择，我们只会选择最优秀的学生。最关键的不是国籍，而是学生所选择的学校和适合的专业。

问题：非常好，接下来谈谈研究生的申请。当学生申请LSE等英国名校的时候，一般来讲要具备几项要素，第一个是个人陈述，第二是老师的推荐信，第三是语言成绩，也就是IB、IELTS、A-LEVEL等成绩，第四是学术成绩。现在，我们来逐个分析下每项的“优秀”标准。首先请您说下如何写好个人陈述，一份好的个人陈述的选拔标准。

P：问得好，这是非常好的问题。最重要的是学生知道为什么要写个人陈述。一般人觉得个人陈述很神秘。很多学生不知道如何写。其实，个人陈述并不是什么技巧，而是直截了当的表述。我们想知道学生为什么想在LSE

学习特定的专业，如果学生想学习管理，学生应该陈述为什么要学习管理并且想花三年时间或一年时间学习这个课程。他们应该花75%的篇幅直接回答这个问题，为什么要学习这个专业，他们应该说一下这个兴趣是什么时候发现的，如何发展起来，讲一下在学校如何运用这些兴趣去学习的，他们在课外读过什么书和学什么相关的技能，我希望学生能给明确的答案。如果想申请历史专业，只是在陈述里面泛泛地说：我爱历史。那是没有什么意义的。也希望写到学生在申请这个专业的时候已经做过的相关这方面的研究，有所见地。这是75%的内容，其他25%的内容，他们应该谈谈运动、音乐和其他社会活动。这些都是我们感兴趣去阅读的内容，我们基本上是以学术能力为主要审核内容，这和美国的院校不太一样，美国的院校非常重视学生在音乐和美术方面的技能，但LSE不同。我们希望学生有很高的研究能力。

问题：刚才你谈到兴趣也是主要的内容之一，你是主管中国区招生的，你觉得什么样的兴趣是你最喜欢的？这些兴趣是学生个人生活的还是与申请专业相关的？

P：一般学生写的个人陈述都是关于自己的历史、个人的抱负等等。其实这些都不应该写在PS上。应该是回答一些非常简单的话题，例如学生申请“会计与金融”这个专业，他们可以想象在PS里只需要回答一个问题，为什么你选择在LSE读这个专业，我们不需要了解学生的哲学，他们可以提一点自己的职业规划，我们不需要知道他们未来4年内要做什么和他的家庭。

※ 对话帝国理工IC国际办公室主任Angela Lin

——帝国理工大学招办主任指导个人文书写作

英国教育界有一种“三足鼎立”的说法，认为文科最好的院校是牛津，理科最好的是剑桥，工科则非帝国理工莫属了。尽管帝国理工的历史比牛津、

剑桥要短，但从1907年建立之初起，它便因为浓厚的皇家背景和强烈的经费气势夺人，很快跻身世界顶级名校之列，至今已经诞生了18个诺贝尔奖获得者。而且，帝国理工与许多大公司渊源颇深，产业化程度很高，占有英国全国研究经费的1/7。作为英国最负盛名的工科院校，和牛津剑桥一样，帝国理工不仅入学的门槛高，学费也要比其他院校高，有人称之为英国最贵的大学。

帝国理工的就业情况非常不错。这里的学生因为学到的知识与实际联系紧密，毕业生进入大公司，找到年薪较高的位置也显得相对轻松，很多人毕业前就被“预定”。其中，就业成绩最好的当属帝国理工的医学院，就业率多年来占据英国各院校榜首。

A：伦敦帝国学院以其强大的综合实力，跻身于世界名校之林。该校科研成果累累，出了14名诺贝尔奖得主，对人类作出了杰出贡献，他们当中的一些成果，如盘尼西林和维生素，直接惠泽人们的日常生活。伦敦帝国学院师资队伍强大，领军人物济济，现有英国皇家学会成员52人，皇家工程院院士56人分别相当于我国的科学院士和工程院士。该校办学资源丰富，办学良性运作，以近三年为例，1998－1999年度收入32.98亿英镑，支出32.32亿英镑，盈余0.66亿英镑；1999－2000年度，收入33.9亿英镑，支出32.73亿英镑，盈余1.17亿英镑；2000－2001年度，收入38.98亿英镑，支出37.34亿英镑，盈余1.64亿英镑。近年来，伦敦帝国学院一直在英国高校中排名第三，仅次于牛、桥两校（Oxbridge Universities）。从英国泰晤士时报2002年5月10日刊载的英国2001年度前百名高校排行表及相应量化指标中可以看出，牛津大学1000分，剑桥大学997分，伦敦帝国学院987分。

我们的优势专业分别有医学、工程学和研究生课程。现在我们也欢迎广大学生们成为我们其中的一员。2007年刚刚是我们的百年校庆。女王也来到我们学校正式宣布帝国理工独立成校。我们以前隶属于伦敦大学但是现在是独立院校。目前位于英国名校前三，我们也在努力成为英国的顶尖名校。目前有大约13000名学生就读于帝国理工，其中约有8000名本科生和5000名研究生。我们的师资队伍非常国际化，多元化。目前大约有2%的老师不是来自英国。

帝国理工先后有四人获诺贝尔物理奖，五人获诺贝尔化学奖，五人获诺贝尔生物医学奖，覆盖了所有的诺贝尔自然科学奖项，可见，我校的学科建设普遍处于高水平。

问题：IC对中国的招生是以重点大学为主还是任何一所大学都享受同样的条件？对于学生的专业成绩有着怎样的要求？

A：对于申请研究生学位的中国学生，我们希望学生是来自“211”或“985”工程的学校。我们的录取要求十分严格，所以学生必须要符合中等的录取要求。我们需要学生在专业上一直都有出色的表现。我们希望学生相关的分数以及证书能在PS中有所体现，你知道，这确实可以从一定程度去作证，证明学生做科研的能力，他是否具备了相当的学习能力、研究能力是否能继续到IC来攻读更高一层的学业，这很重要。是的，如果有切实的数据作说明，比如分数，或是曾经获得的科研成果、各种形式的奖励，我是说，是指一些数据化的证明，最好这些在PS中能有所体现，要知道它能帮助我们尽快地认识学生，认识到你确实很优秀，从激烈的竞争中脱颖而出。当然还需要有推荐信，这是必不可少的因素之一。整个申请程序可能会比较复杂，因为我们要对学生进行全面考察而非仅仅关注于某一方面。一般要求是学生来自“211”或“985”工程的学校。

问题：好。接下来，我们谈谈具体的申请流程，我们开始逐项地分析。首先，帝国理工对GPA有着什么样的要求？

A：要知道，不同的专业会有不同的要求。在IC，据我所知，GPA的最低要求是3.5，最高需要达到4.0。我们期待有10%至20%的优秀学生是来自中国排名前十或前二十的名校。

问题：可是我自己的学生，确实有 GPA3.0 也同样被 IC 录取了的先例在前。

A：是么？他叫什么名字？是哪个专业的。的确是会有这样的学生，但这一定是一个个别现象，而非普遍的现象。我相信这和您的学生的录取专业有直接的关系，又或者您的学生一定是在其他方面打动了我们，综合考虑之下，我们觉得他很优秀，适合到 IC 来继续深造。那么个别专业的一两个学生，稍微降低 GPA3.5 的最低要求到 3.0 也不是不可能。但我必须强调，那一定是极个别现象。

问题：谢谢您！不过 GPA3.5 的要求要是太过强硬了，可是会把很多好学生挡在门外的。

A：您说的对，但是我想说的是，帝国理工不是要选拔好学生，而是要选拔出“好学生中的好学生”。GPA 的确是能在一定程度上说明，学生是否具备领域方面的专业素质，具备了所必需的基本研究能力。

问题：那么，帝国理工对于学生的英语水平有着什么样的要求？

A：与其他的英国大学相比，我们对于学生的英语水平的要求其实并不太高。如果是雅思成绩，通常我们需要学生达到平均分 6.5 分。当然每个院系对英语水平的要求也会不同。学生的每项雅思成绩最低不得少于 5.0 分。针对研究生课程的学习，通常我们需要学生达到平均分 7.0 分。通过 GPA 分数和雅思分数设定的门槛高低，就不难发现，我们更注重学生的科研能力、学术能力；而非英语能力，英语能力只要能满足基本的交流，不影响日常的上课、交流、科研学术等活动就可以了，不需要学员考出过高的分数。不需要浪费太多的时间专注在英语考试上。英语足够用就可以了。我们建议学员把更多的精力用来提高自己专业的研究能力，比如 GPA, 我们喜欢高 GPA。

问题：嗯，听你这么说，这的确不是一个高不可攀的英语分数要求，对于像帝国理工这样的大学，要求的语言成绩的确不算高。那么，哪些专业要求6.5分的雅思成绩？能具体介绍下吗？

A：像医学，工程学和理科这样的专业只需要雅思达到6.5分就可以了。我们并不愿意将学生拒之门外仅仅因为他们的英语水平不太理想。我们最看重的还是学生的在校专业成绩。诸如其他专业的具体要求，大家可以查阅我们的网站，都有详细的介绍。此外，我们还设置了一些英语培训课程来帮助学生提高语言水平，并且这些课程都是免费的。

问题：太好了！那么这些是对所有的申请者都开放吗？

A：只是对已经注册过的学生开放。我们希望对这些学生继续提供在英语水平方面的帮助，以此使学生达到其专业的要求。帝国理工是一所国际化的大学，有来自不同国家的学生到这里来学习，这其中包括中国的学生。即便是通过了雅思考试，也并不意味着就能完全适应纯英文的教学，所以特别开设了免费的英语培训课程，用来帮助同学们提高英语水平，以达到其专业所需的要求。我建议同学们积极地利用类似的学校福利，提高自己的英语水平。

问题：那对于那些在雅思成绩上只与你们的要求差了一点的申请者呢？是否考虑通融一下，有没有这个可能存在？

A：对于这些学生，我们也在每个专业中安排了英语提前培训课程，通常是8周为一个周期。

问题：你得给我解释一下，到底什么样的分数才是只与你们的要求差了一点？就过往的录取工作经验看，通融的最底线在哪里？

A：好的。比如像有些学生平均分是6分，这就只与我们的要求差了一点。

问题：像这样的学生也是有机会参加相关语言培训的，像前面提到的免费语言培训？

A：是的。所以，我们建议资质优秀的学生，就可以大胆向我们递送申请材料。不要因为自己的英语成绩不够优秀而望而却步，我前面已经强调过了，我们更为看重的是学生在专业领域的研究力；而非英语考试成绩。

问题：可以向我们介绍一下教授这些语言培训课程的师资吗？

A：我们专门配备了优秀的师资来教授这些课程，最大限度地提高学生的语言水平，不仅是英语水平也是专业水平。你知道传统的英语老师仅仅善于英语的教学，但是在我们为学生准备的语言培训课程，可以由专业的老师针对你所学的专业，制定相应专业的英语教学，有的放矢地提高英语成绩，并可以灵活运用到日常的专业学习中。

问题：那么有多少学生参加过这些培训课程之后成功达到了你们的语言水平要求？

A：说到这个问题，目前，我非常荣幸地告诉你，绝大多数参加过这些培训课程的学生都成功达到了我们的语言水平要求。

问题：同学们注意了，也就是说学生既可以选择参加雅思考试，即便是成绩暂时没有达到要求，也可以随后参加帝国理工的提前语言培训来通过要求。那么，对于成功写好 PS，您有什么样的建议？

A：好的。不要为了不够高的雅思成绩犯愁，那不是我们最看中的。我们希望在 PS 中有 70% 的部分是与申请的专业有关的，举个例子来说，学生应该说明为什么想选择并怎样学习这门专业。在这门专业里，是什么最为吸引他们。还有什么领域是他们想学习更多的。过往曾在专业中取得的成绩，我提到过，最好有数据佐证。我们需要看见学生对于专业的热情。

我们有许多优秀的学者教授在钻研非常具体细致的领域，他们也希望有更多有潜质的年轻学生加入到这个队伍中来。所以，学生需要让我们印象深刻，并且成功说服我们来接纳你。

问题：多数的中国学生都比较内敛一点，在如何成功展现自我，推荐自我这方面您对他们有什么样的建议？

A：在这我很乐意与大家分享一下我的个人感触。我刚来英国的时候，英语能力也不是特别的好，仅仅能限于日常的交流。和现在能自如表达自己的想法还存有一定的差距，还是有一定的差距的。在这方面，我的最大的心得就是，来到英国，我需要的最重要的品质就是主动。在西方国家学习，你应该知道自己最大的亮点是什么并主动发挥自己的长处。确保让别人来关注你，肯定你。

所以我建议学生们在做《自我陈述》时，大家应该通过一些具体的事例，讲述自己如何一步步准备，通过具体的事例，可以更清晰地让我们看到你。向我们证明自己有实力来学习这门专业。大家还应该在PS中表现自己显

而易见的优势，除了专业成绩，还应展现自己的领导能力、与人的交际能力等综合能力。仅仅说自己的兴趣，说自己想要来这里读书，说自己喜爱这门专业……要知道，仅仅这样，是不够的。

还应该通过这些体现自己的优点、亮点。比如，你曾经是校足球队的队长，那么你应该说明，你是如何扮演好好队长这一角色，以此来体现自己的主动性、创造性。还有你是如何带领球队争取达成目标的。把这些具体的实例清晰地在 PS 中展现出来。我们需要的学生是，不仅在专业学习上表现异常优秀，还应该体现自己潜在的领导才能。

问题：接下来让我们来谈谈推荐信，关于推荐信，您给国内的学生有什么样的建议？在国内的留学界，经典的传说之一就是，“越是著名的教授的推荐信，对学生的录取越为有利。”是这样吗？

A：我建议大家，找到非常了解自己的老师来写推荐信。至于是不是非常著名的教授，这并不重要。只要老师了解这个学生的专业学习情况，能对这个学生作出相对客观的评价就可以了。

此外，如果申请者有几年的工作经历，那么这会对他们更有利，因为这些申请者不仅有着良好的专业比表现，还很清楚自己到底想要什么，知道自己为什么在工作了几年之后仍想回归学校充电。所以，我们需要学生不仅有着优异的专业成绩还应该有能力对学校，对社会作出实际贡献。如果申请者有着几年的工作经历，那么还应该找到他们的经理来写推荐信，所以应该准备两封推荐信。对于没有工作经历的申请者，只需两封来自学校的推荐信。

问题：现在让我们来谈谈奖学金。许多的中国学生可能承担不了他们的学费。这样的学生应该如何申请奖学金呢？

A：由于现在英镑的贬值，人民币的升值，这对于中国学生来说是有利的。但是很遗憾我们并没有针对本科生或是学期一年的研究生专业设置太多的奖学金。但还是建议大家可以在英国学习的时间久一点。因为在英国，念博士后课程的学生受到的待遇就是前期研究性人员。通常会有很丰厚的资金赞助，当然只有非常优秀的学生才会有这样的待遇。那么在这一点上，英国就和美国就很不同。日前英国首相布朗也在我们学校作了讲话，他表示，尽管现在正面临全球金融危机，英国政府还不会考虑要减少奖学金或基金的金额。

伴随着近年中国经济的迅猛发展，帝国理工迎来了越来越多的中国自费生。与过往的公派生相比，自费生的来源相对复杂，但能够被帝国理工录取也足见这些人的优秀潜质。但是这里面一个值得提到的现象是，不少人虽然通过了严苛的入学审查，但在学习期间被淘汰下来的情况也时有发生。

问题：到英国后，常听当地朋友说起，中国留学生身上有一股浮躁之气，您是如何理解这句话的？您认同这些人的说法吗？

A：这个问题，现在中国学生的整体优势并不明显，帝国理工是一个国际性的大学，各国的优秀学生都云集到帝国理工求学。相对的，学习压力很大，就像我上面提到的一样，即使通过了帝国理工的严苛的入学，也并不表示在整个学习期间不会被淘汰。所以，学习压力还是相当大的。有些同学甚至从入校开始就到处打听毕业时怎样找工作，状态的确是显得有那么点浮躁。进入优秀的学校，学生和他的家庭都付出了很大代价，学习的目的应该是为了成为世界一流的人才，而不仅仅是混个饭碗。成为优秀的人才，则需要很审慎地思考和脚踏实地地不懈努力。

需要注意的是课程的选择：IC 每年会更换一些课程，所以如果碰上课程不能选择的话，就表明该课程今年没有开设。但是 4、5 月份的时候 IC 会增加一部分课程的开设。其次，如果你想要申请奖学金的话，IC 每年都有多项奖学金是为 MSC 开设的，但是基本上被本校的囊括了，主要有 sof，shell，以及一些 merit 的奖学金。注意有些奖学金是单独的申请过程，需要你填写单独的申请表格，相关的信息可以去pg的moneyzone查询。

官方网址是：http://www3.imperial.ac.uk/。

※ 对话伦敦大学UCL首位华人副校长郭正晓

——伦敦大学华人校长：我怎样当上大学校长

问题：各位媒体的朋友大家好，我是问题，今天我们要见到一位非常重量级的人物，为什么今天我说中文呢，因为今天要见到的人，他太特别了。他就是我们的郭正晓教授，今天我们走进UCL，郭教授是第一位UCL负责中国事务的华人副校长。

郭：各位媒体朋友们大家好。非常高兴你们的问题老师今天能到UCL来，我代表UCL向大家问好。

问题：郭教授比较腼腆，现在是伦敦时间上午十点半。很多媒体网友想了解UCL的状况，郭教授，请您给我们简单介绍一下。

郭：UCL是英国第三个大学，它是1862年建校的，相对大家所熟悉的牛津和剑桥八九百年的历史来说，时间短一点。但是UCL是第一个，对所有的学生无论是哪个种族，哪个背景，UCL的建校方针就是让最多的人获得最大的幸福。这个方针一直贯穿UCL发展的一百多年，将近两百年的历史。

最近，大家都在讨论，UCL在今年的TIMES排名排到世界第四。这个我觉得是与UCL的历史文化，UCL每位成员精诚合作分不开的，UCL有八个大学院，本科学、工程、医学、人文、法律、建筑……是非常强的学科，总共有2万的学生。

也许在国内不算很大，但是在英国很大了；我们的老师有两千多名。一千多名工作人员。这些在英国都是相对比较大的。

另外 UCL 坐落在伦敦的中心。大英博物馆距离 UCL 大约有五分钟路程。欢迎大家到 UCL 来参观。UCL 发展史上，到目前有 20 位诺贝尔奖获得者。最近大家都在讨论的高锟院士，也是在 UCL 拿到大学学位的。网上争论说，高锟教授究竟是毕业于 UCL 还是帝国理工，其实这并不重要，重要的是 UCL 是培养人才的摇篮。

问题：我特别想知道，一个中国人如何能在国外的顶尖大学做到副校长的职位的？

郭：我想这个比较好解释。中国文化的包容性很强，表现出来的是中国人很容易接受外部的新事物，在保留自身的文化同时也跟外部的环境相融合。就拿我个人的经历来说，我到英国后，通过积极的学习积累了一定的科学知识、交往经验，同时也把这些东西融入自我原先已经形成的整个知识体系里面。这里我要给初到英国的学子们一些建议，那就是应该积极地融入不同的阶层。为什么做 UCL 的副校长？一方面可以学习英国教育的一些好的经验；另外一方面是为了更好地为祖国服务。我们不能落后于时代，在外面能有更好的交流，加强中英的相互合作。

问题：您的本科是在英国上的吗？

郭：我是河南人，我是在河南长大，在东北辽宁上的大学。受国家政策，当时有英国文化交流委员会的奖学金，首先在牛津大学玛丽国王学院做老师，现在刚到 UCL 时间不长。我来以后感觉，UCL 和其他的大学不太一样，办学方针是让更多的人获得更大的幸福。强调合作，老师与老师之间的合作，学生与老师之间的合作，团体的思维，大家都很勤奋，自豪。

UCL 的建筑学科很强，在欧洲也很强，这方面和中国的合作也非常密切。参加了上海、天津以及株洲的城市规划的一些项目，城市规划是未来的一个问题，怎么样处理人和城市的关系，在节省能源，节省资源方面，利用城市的环境，发挥作用，这里面有一些相互关联的问题。我们做得都很好。

问题：您的专业是什么？研究的领域是什么？

郭：我原来在国内是学材料的，我现在主要的方向是能源材料，环境变化也是一个很大的问题，如果想减少坏的环境变化，减少二氧化碳等有害气体的排放，怎么样利用这些材料，把清洁能源，转换效率再提高一些，清洁，和可持续发展的问题。

问题：我想问，咱们中国改革开放以来，中国教育取得空前的成功，很多人觉得中国现在的教育发展不是很符合现代化的要求，您是怎么看待这一问题的？

郭：中国几十年的发展，经济发展是起带头作用的，这点可以理解，没有扎实的经济基础的话，其他的发展都会受到很大限制。经济的发展也确实带来了很多教育发面的改革发展。比如，现在很多的学校都拥有一流的实验室，也拥有一流的科研人员，我觉得信息的沟通也很快，但是要是比起国外的学校来讲，还是有一定的距离，但是距离在缩短。大家有注意今年的大学排名，进入前二百名的大学在不断增多。西方有比较长的建校历史，在国外强调每个学校有自己的文化，自己的特点。

牛津剑桥更强调科学家自己个人的发展，但是UCL更是强调合作，除了个人的发展，通过不同的人的合作，科学发展到今天，并不光有深度，广度，人的生命有限，时间有限，每个人认识到的科学的范围也是有限的。只有通过不断的合作，才能作出新的成果。

观察近来的诺贝尔奖的获得者，原来是一个人，现在都是好多人共同获奖，联名获奖，真正对世界，有大的影响的，是通过很多人努力完成的。合作要不断地加强。

我们华人要充分地发挥自己的想法，我希望国内科学家本身加强合作，这对未来科学的进一步发展会奠定很好的基础。国外的大环境比较宽松，国内也发展得很快了，从管理结构来讲，希望给科研人员足够的空间，让他们做自己的事情。人在舒适的环境中，比较容易出成果。

愉快地搞科研，可能创新的意识也更明了一点。我觉得这几方面会对科研帮助更大一点。

问题：能够进入全球前五十的中国院校，只有北大和清华，中国大学和世界的顶尖院校的主要差距在哪里？

郭：排名只是一种手段，让大学之间有一个相对的比较。其实这个不是特别重要，通过排名的这种手段，促进大学之间的相互合作，不同的排名方式，可能把不同的学校排得不太一样。好的大学，前五十名的大学差别不是很大，每个大学都有自己的特点。更强调国际化。英语是用得比较多的语言。这种排名，对英国的大学有些倾向，因为他们确实国际化做得非常好。

国内的发展，可以把大学国际化方面多做一些。教育部有很多项目吸引国际的留学生，这些工作都在做，进一步的合作，会加快大学国际化的步伐。

问题：中国现在培养出的学生往往是书本知识很好，但是在实践方面，创新方面的能力相对缺乏，您觉得中国的教育工作者如何培养出优秀的学生？

郭：我们的教育，包括小学教育，老师都忽略了，我们的教育应该从小学教育开始，什么样的教育方式，教育方法，真正让学生喜欢去学。学习是无止境的。没有一个人可以完全掌握所有的东西，学习，喜欢学习，不断去接受新的知识，新的理念，这样才会真正融入进去。

基本的知识是砖和瓦，到底能建多高，完全看建筑师自己的想法。有了砖瓦，有了知识以后，特别是在大学教育，需要让学生去思考，从知识到能力，从能力到创新，从创新到创造。创造，作出产品，对社会真正有贡献。在英国的大学，强调学生自己去找机会去学习。

现在我们进入到一个信息爆炸的时代，相对于以往信息的匮乏，媒体在这方面的作用功不可没，特别是互联网的迅猛发展，目前的确是大家获取知识的一个很好的工具。但另一方面的问题是，互联网上的信息良莠不齐，甚至可以说部分信息存在一定的误区。所以我认为理想的做法是，先在互联网上搜索到自己需要的信息，再去找到专业的参考书，进一步去学习。这样的做法是比较好的。西方也很强调学生的实验课，每星期都有一两个下午的实验课，实验课不是老师把东西都准备好了，你对付一个实验报告就完事了。不是这样。老师给你出一个大的题目，学生几个人一起找出解决的办法。比如犯罪人员在办公室留下迹象，包括衣服的纤维、不同的迹象，学生们一起找出犯罪人员到底是谁。通过分析不同材料的结构，找出材料的出处；通过化学手段，找出……增加了学生的学习兴趣，加深了学生分析判断的能力，当然这只是其中的一个小例子。

问题：那么文科呢？

郭：知识确实是没有极限的，必须站在不同的领域，着重地发展某个方面。我自己是理科，我是从理科的角度看文科。文科，我觉得是这样，学科间有关联，在做中国历史和世界历史也是分不开的，都是关联很大的。文科的话，也是多学科交叉的。这个，我也得，现在人类所面临的问题，包括自然资源，水资源的缺乏，不是某一个学科能解决的问题，所以说UCL正是在这方面做得很好，我们有四个大的挑战，一个就是人的生活质量问题，这包括自然科学里的医学，人和环境……社会科学的问题，包括社会环境，人的交流，互联网的好处。要想为了社会的发展，必须考虑到科学发展对人有利的一面，也有弊的一面。

※ 对话与伦敦大学UCL招生主任Juliet

——伦敦大学学院招办主任详解录取要求

伦敦大学学院是一所多元化的学院。我们开设有丰富的课程，不仅包括所有传统课程，也包括社科人文类专业如美术专业和考古专业等。同时我们拥有庞大的教学机构。目前我们有大约23 000名来自140多国家的在读学生。所以在这里的环境非常多元和新鲜。

问题：那么目前伦敦大学学院有多少中国学生？

J：约有1 000名中国学生在伦敦大学学院学习。

问题：伦敦大学学院对学生的录取份额是怎样安排的？

J：我们没有任何这方面的具体数额的规定，也就是您所说的份额。所有被录取的学生都是符合条件的，在校表现优秀。

问题：那么伦敦大学学院对申请者又有哪些要求？

J：无论是针对本科生还是研究生，我们对申请者的要求都比较严格。尤其是在学生的在校表现方面，我们会非常重视，比如学生过往在学校的成绩就是比较有力的证明之一。此外，申请者还应该拥有较好的英语水平。

问题：那么我们来具体谈谈这些要求吧，首先伦敦大学学院对于学生的雅思成绩有什么样的要求？

J：雅思分至少应该在6.5分，不同专业对雅思成绩的要求会各有不同，有些需要7分，还有少数的专业要求雅思分数达到7.5分，有些专业对学生的英语水平有比较高的要求，比如法律专业就要求大量的论文写作，那么自然会要求比较高的雅思分数。这要依据不同专业的要求，一般来说，理工科的专业对雅思成绩的要求会相对放低。

问题：您刚才提到了UCL要求非常高的在校表现，那么对于申请研究生的学生，需要拥有怎样的在校表现？

J：通常他们需要有与申请专业相关的学士学位证书。我们不仅会看他们的总体成绩，同时也会看与申请专业相关的专业课成绩，这些都是比较具体的考察点。在中国的大学，大一的学生的学科通常比较分散，但是接下来的三年里，学科就会越来越有侧重点。通常我们需要学生的平均分在80分以上或者GPA不能低于3.25。

问题：请问伦敦大学学院是否会特别青睐来自中国前十名大学的学生？

J：在伦敦大学学院就读的大部分中国学生都是来自中国排名前十的大学。所以我们会看学生之前是就读于哪所大学以及在校期间取得的成绩。伦敦大学学院有着活跃的学术氛围，我们也希望能多吸收有着出色表现的学生。所以，不会仅仅局限在排名前十的大学。

问题：现在由于金融危机，许多大学不得不取消一些奖学金，伦敦大学学院也存在类似的情况吗？

J：目前伦敦大学学院还不存在这种情况。

问题：金融危机是否会对学校以及招生存在某些影响？

J：但同时我们也应该看到，金融危机也有积极的一面，由于英镑的贬值，对于今年申请伦敦大学学院的学生们来说很可能会比一两年前节省约40%的费用。

问题：伦敦大学学院是否为中国学生设立了相关的奖学金？

J：是的。而且奖学金通常都是网上申请的，有些是对所有学生开放，有些是针对特定国家的学生。奖学金的标准很大程度上是基于学生的专业成绩的，所以有着高分数的学生很有机会争取到奖学金。而学生的经济背景并不在考虑之列。不过在美国的大学中，学生的经济背景是会被考虑到的。我们只关注学生是否有着最为出色的专业表现。也就是说，不论学生的家庭条件优劣，只要学生的自身成绩优异，同样是有机会申请到UCL 提供的奖学金的。

问题：伦敦大学学院是否与中国相关院校联合设立了一些奖学金？

J：我们与中国奖学金委员会有联系，但是我们并没有与中国相关院校联合设立具体的奖学金。不过我们的奖学金都是公平化，透明化的。

问题：现在让我们来谈谈如何准备一份令人满意的 PS。

J：通常我们需要通过 PS 了解到这个学生为什么想要选择这个专业，他们想从中学到什么以及如何学有所用。至于个人兴趣爱好，业余活动，个人发展规划等这些倒不是我们主要关注的。在这一点上，本科生和研究生又略有不同。对于本科生，PS 将会由 AMERSON 机构决定，学生需要说明所要申请的专业，为什么会申请这个专业，学生的一些课外经历是否能证明他们可以学习这个专业以及如何学习这个专业。至于学生的兴趣爱好其实并不太重要。对于研究生，学生需要说明已经按照我们的要求学习了相关课程，这一点很重要。因为不像本科生，研究生的申请是

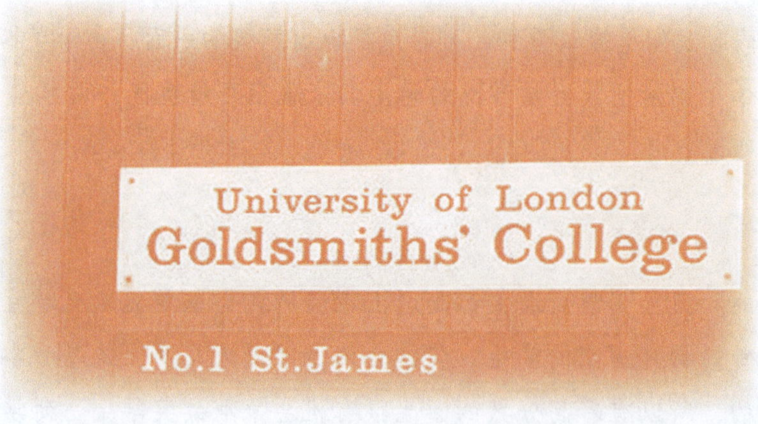

直接向相关院系递交的。学生需要阐明自己为何选择这样的课程或学科，还应说明自己已经做了相关研究。在有些情况下，我们会给予学生一些申请方式方面的指导。有时我们需要学生在 PS 中说明他们在伦敦大学学院具体想学习什么专业。我们期待的是学生的学术动力和热情。

问题：有些学生在校期间获得了许多奖项或荣誉，但这些与他们申请的专业并无大多联系。像这种情况，会对 PS 有所帮助吗？

J：这种情况并不会对成功申请有任何帮助。

问题：还有学生在申请时会换专业。

J：我们并不鼓励学生换专业。因为在申请研究生时，我们需要知道这个学生此前是否做了与申请的专业相关的研究活动。申请的专业应与此前所学专业相一致或有所关联。当然我们也有转换专业的学科比如计算机学就会接受此前不是计算机专业但有意愿学习的学生。但这种现象在我们的研究生课程中属于特例。如果学生的一些课外经历，活动与申请的专业相关的话，那么即使他们本科学的不是这个专业同样有机会。

问题：接下来我们来谈谈推荐信。有些学生会找非常有名望的教授或学校里的重要人物为他们写推荐信。

J：并非如此。学生需要找了解他们的老师来写推荐信，这样的老师可以对学生作出客观公平的评价。如果学生找非常有名望的教授或学校里的重要人物为他们写推荐信，而这些推荐者却不了解学生，其实这并不能帮助我们来评估这个学生是否有资格学习申请的专业。所以为学生写推荐信的老师不仅需要了解学生还应了解学生申请的专业。

问题：如果有学生十分想进入伦敦大学学院学习，却因满足不了学校的录取要求而未能如愿。针对这种情况，伦敦大学学院有相关的程序吗？

J：很遗憾，我们并没有任何相关的程序来帮助这些学生提高程度来符合我们的要求。但有值得注意的是，对于此前一直在中国接受教育的中国学生，是不太适合直接进入伦敦大学学院的专业学习的。不过我们有基础的英语课程，这是由伦敦大学学院的语言中心开设的。一部分的基础的英语课程是针对理科和工程学，另一部分是针对文科和社科人文。我们大概有一半的学生在专业学习之前选了基础课程。

问题：伦敦大学学院的语言中心位于学校吗？

J：是的，语言中心就在伦敦大学学院，它不是独立存在的。

问题：针对研究生有相关的语言培训课程吗？

J：我们有一门英语语言课程，这样学生就可以用英语做学术研究，我们也有一些预备的语言培训课程适合本科生。

问题：上过这些课程的学生是一定能符合语言要求从而进行专业学习吗？

J：学生需要参加相关的语言考试。

问题：这些语言课程是学生必须上的吗？

J：不一定。如果学生已经满足了我们的语言要求，那么就不需要在选择语言培训课程了。学生可以重考以此来符合应有的语言水平。学生需要在报考伦敦大学学院前就通过相关的英语水平考试。非英国的学生可能要再提前一点参加相关的英语水平考试，因为他们还需要时间办理签证等事宜。所以学生必须要在申请之前就符合所有的要求。当然即使学生这次失败了，他们还有下一次争取的机会。

问题：在来自中国的申请者面前，最大的障碍是什么？

J：我认为只需在文化上适当做一些调整，以此来适应英国的环境。毕竟两个国家的生活是非常不同的。对于刚刚到达英国的中国学生来说，会有一些文化休克，学习运用一门新的语言也会非常累人，但一切的努力都是值得的。只需主动接触新环境，新同学，多多练习英语，千万不要害羞，英语水平怎样并不重要，重要的是树立自信心，主动与来自各国，有着各种文化背景的人们交流。

※ 对话伦敦大学国王学院国际办公室主管 Jeffrey

——伦敦大学国王学院国际办公室主管谈奖学金

目前有我们学校有大概21 000名学生。国王学院有着悠久的历史，并与中国有着各种长时间的交流往来。国王学院创建于1829年，是第四座古老的英国大学，也是伦敦大学的一个研究型学院。在国王学院，有9类专业，例如社会政治、物理工程学、法律、生物医药学、医学、心理学等。

问题：我想知道，这其中，现在有多少中国学生在国王学院学习？

J：目前我们学院有300名本科生和研究生是来自中国。

问题：在有些学生申请英国学校的过程中，由于奖学金的问题而未能进入学校，在国王学院有这种情况吗？

J：我们自去年以来就收到了许多中国学生的申请，尤其在本科生方面，申请量增长了15%，而研究生方面更是达到了50%。所以我们很高兴国王学院能受到许多中国学子的青睐，也很欢迎大家申请我们学校。

问题：那么目前遍及全球的金融危机是否会对贵校招生有所影响？

J：就目前的金融危机而言，上周我们就派工作人员去北京做了就业率的调查。我们了解到和申请院校时考虑学校的声誉一样，金融危机也是中国学生申请中需要考虑的一个重要因素。我们是全球排名前25的学校。当中国学生来英国学习，我们会为大家尽可能提供各种选择。对于包括中国学生在内的每一位留学生而言，在一个陌生的环境里学习是一次全新的文化体验。我们会帮助学生适应新的学习环境，为此我们设置了私人导师制，语言培训课程等多样的教学模式。

问题：许多学校都很注重申请学生的专业成绩，国王学院也是这样的吗？

J：我们不仅是全球排名前25，同时也是伦敦的研究机构中心，这对我们的学生和教职员来说是提供了许多方便。由于国王学院坐落于泰晤士河畔，左边是典型的“伦敦之眼”，右边是雄伟的大教堂。

我们的确需要有着出色专业成绩的学生。目前我们有140个国家的学生，去年我们去了32个国家来发现优秀的学生。国王学院是非常多元化的，这里有全世界顶尖的科学理念，同时学生也可以从优秀的教授身上学到许多。

问题：在众多的申请学生中，国王学院会将注意力只放在中国前十的大学吗？

J：我们不仅希望会吸收一些名校的学生，也欢迎非常优秀的学生。不过我们会有针对性地锁定一些中国优秀的大学。

问题：在中国除了大学还有其他的教育机构，从这些教育机构走出来的学生们是否也有同样的机会进入国王学院？比如私立大学，或是其他的自考的大学？

J：不论是已有一定声誉的大学，还是刚刚成立的大学都是我们关注的对象，对于学生我们同样欢迎。

问题：在GPA上，国王学院有什么样的要求？

J：通常GPA需要3.2，这是中等水平，不同专业对GPA的要求会各有不同。

问题：国王学院的优势专业是什么？

J：我们有6个医学研究中心，也是全英拥有医学研究中心最多的学校。所以我们在医学、口腔医学方面都很有优势，不过，近些年来我们的艺术专业，人类学专业和社会政治学发展得也越来越好。我们还有一些特色专业例如战争研究等。这些不仅是国王学院的优势专业也深受广大中国学生的青睐。

问题：那么，具体说来，申请医学专业有什么样的要求？

J：我们需要 GPA 成绩 3.2～5.0，还有和雅思成绩。不同专业对雅思成绩的要求会有所不同。

问题；对于雅思成绩，请详细说说要求。

J：视申请的学院而定，有些专业要求雅思成绩 6.5 分，像社会政治学，医学这样的专业就需要 7 分的雅思成绩。

问题：也就是说，所要雅思成绩至少需要达到 6.5 分，最高是 7 分。

J：大部分的专业都需要 7 分的雅思成绩。我们还有英语语言培训中心或者预科学习，以便许多非英语国家的学生提高英语水平。如果学生的雅思分数只有 6.5 分，那么他们就可以选择提前英语培训课程。课程分别长达 12 周、8 周或 5 周的时间。通过这样的课程，学生们可以达到雅思 7 分的水平。

问题：这些培训课程是属于专业学习的吗？

J：这些课程是单独设置的。不过有些情况下也是属于专业学习的一部分。不少来这里学习为期一年本科的中国学生都喜欢选择这样的培训课程。

问题：接下来，我们谈谈具体的申请环节，首先是 PS 的准备。

J：PS 需要好好准备。许多学生会递交长达好几页的 PS。其实 PS 只需要一页，大约 400 字的长度。首先，学生应该阐述对专业的理解和观点，对国王学院也应该有一定了解。还应说清楚自己的教育背景。仅仅有个人简历是不够的，我们还需要知道学生是如何申请，因为这在一定程度上也反映了学生是否有学习专业的资格。除此之外，我们还需要实际记录看看学生是否具有符合条件的资格或工作经验。这对于学生们而言是比较有难度的，因为大家需要在仅仅一页纸上展现一切。PS 需要言简意赅。学生常常会忽略一些细节，比如出现错误的语法或拼写。

问题：在 PS、推荐信、在校表现和专业要求中，哪一项是最重要的，在选拔的时候，你会特别看重？

J：这四部分都非常重要。首先，学生必须要达到一定的专业要求。有些中国学生申请的专业要求雅思 7 分但他们只有 6.5 分，还是有机会、有条件被录取的。因为我们为这些学生设立了提前英语培训课程。PS 和推荐信同样很重要。

问题：如果当学生符合了以上四项要求，他们是否可以申请奖学金？

J：对于申请国王学院的中国学生，我们设立了一系列的奖学金。我们设立了 20 种博士后的奖学金代替了以前的国际研究奖，从 2009 年开始。所以，对于中国学生来说，这应该是一次很好的机会。另外我们还有其他的奖学金，尤其是针对研究生而设立的。我们的国王国际奖学金，所有的留学生都有机会争取。对于研究生的研究奖我们提供 1 万英镑。对于优秀生我们有 30 种 5 000 英镑的奖学金。此外，我们在网上也提供了很好的资源，对于本科生我们有贷款基金。学生们可以网上搜索选择自己感兴趣的工作资源，相关的贷款信息就会出来。我们还会分发一些小册子以便大家更好地了解相关的申请信息、奖学金信息、各类基金信息等。

在地理位置上，国王学院位于伦敦的中心位置，有丰富的文化气息和交流项目。例如对法律专业的学生，我们会经常邀请一些法官来做讲座，更生动地教授学生专业知识。在工业方面我们也有大量的相关活动。

问题：针对中国学生，国王学院是否会有就业中心的设立？这些就业中心从哪些方面帮助学生就业？

J：是的，我们的就业中心非常活跃，我们的部门主任目前就在中国做演讲。我们的就业中心不仅对毕业生有指导意义，对其他的学生们今后的个人规划也很有帮助。我们不仅会提供实际的就业机会，也会邀请一些领导参与我们的工作当中以便更好地指导学生们今后制作简历，就业，面试。

※ 对话华威大学招生主任 Simon

——华威大学招办主任：中国学生奖学金增加

问题：目前遍及全球的金融危机是否会对华威录取留学生有所影响？

S：我们发现金融危机并没有使申请华威的人数减少。在过去的一年，我们就发现中国学生申请本科、研究生和博士后的比例从 30% 上升到了 50%。由于我们并没有对全球扩大招生，因此学生间的竞争也就更加激烈了。金融危机似乎反而进一步更催生了中国留学生赴英国读书。存在这样的可能，金融危机直接影响了许多人的就业，所以许多人转而选择读书深造。

问题：不过有些学校就受到金融危机的影响不得不暂时取消一些原先为留学生设立的奖学金，但是在华威，情况却恰恰相反。

S：今年，由于考虑到华威的资金情况，我们在未来两年的开销上会比较保守。最近我们已与中国奖学金委员会签订了为期三年的协议，根据协议，未来的三年里将会有 6 项针对中国博士后设立的全额奖学金。所以未来的三年里总共会有 18 项对中国学生开放的全额奖学金。

如果全额奖学金数额是 15 000 英镑，那么将会有 18 位学生获得各有 15 000 英镑金额的奖学金。这是我们与中国奖学金委员会作出的特别安排。中国教育部和中国奖学金委员将会选出最优秀的学生，如果这些学生符合申请华威博士后的所有要求，那么他们的学费将会获得奖学费也会全免。

问题：您带来的这个奖学金的讯息，对中国申请华威的博士生来说，的确是个很好的消息。那么请问，华威会针对研究生设立奖学金吗？

S：华威大部分的奖学金都是针对学术研究而设立的，这是因为华威非常重视学术研究。博士后的奖学金周期更长，这样享受奖学金的学生的经济负担就会减少。与此同时，在华威，我们拥有一支由教学人员和博士、研究生等专业人才组成的专家队伍。我们也从这支专家型人才的队伍中获益多多。同时，我们也要有一些奖学金是为本科生和研究生而设立的。

问题：目前有多少中国学生在华威就读？

S：每年我们都会录取大概 500 名到 600 名中国学生。

问题：如果想要进入华威，学生们需到达到怎样的语言水平？

S：语言水平方面，主要我们是依据雅思成绩，通常需要达到 7 分。有些专业要求雅思成绩 6.5 分，6.5 分至 8 分都在我们的要求范围之内。像理科、工程学科这样对英语水平要求不是特别高的专业，6.5 分就可以了。但是大部分专业的要求都在 6.5 分以上，从 7 分、7.5 分到 8 分不等。经济方面的专业，至少需要 7 分的雅思成绩。

此外，中国学生要清楚，仅仅通过雅思考试达到语言标准是不够的。也许有的学生雅思考试的分数是 7 分，但这不一定代表这个学生就能说一口流利英文。太多的中国学生花很多时间在雅思考试上面，却不是练习说英语，这两者有很大的不同。所有非英语国家的学生们需要记住，通常入学都会有一些要求，而华威的要求还会更高一点。

问题：华威承认不同类型的语言水平考试，您可以简单谈谈吗？

S：是的，我们认可的语言水平考试不仅有雅思、托福、剑桥考试，甚至还有一些相对小型的考试。在全世界范围内，华威还有在应用语言学和英语教学专业方面带头的学术研究中心。我们也有自己的考试，这和其他类型的考试例如雅思很不一样，这种考试没有口语部分。考察的重点是写作能力，理解能力以及语法。

问题：在中国，华威有相关的考点吗？

S：在中国大陆我们有两处，分别在北京（针对中国北部）和上海（针对中国中部和西部）。除此之外，我们在中国香港（香港地区和中国南部）也有一处。

背景资料：

英国众多名牌大学预科如华威、约克、拉夫堡、布里斯托、诺丁汉、谢菲尔德、埃克塞特、利物浦大学等每年6月份基本招满，学生一定要记得提前申请。没有英语语言成绩的学生，可参见英国30多所大学认可、可替代雅思考试的华威语言考试(WELT)。

WELT（Warwick English Language Texting）考试：

- 语法和用法:（包括100个选择题: A部分50题, B部分50题）1小时;
- 写作：（2～3个作文，每题字数要求在200～400间）45分钟；
- 阅读：1小时。

问题：华威对于申请者的在校表现有什么样的要求吗？

S：由于我们需要的是优秀的学生，因此，学生在校的平均分数至少在85分，GPA至少应达到3.5或3.6。有些专业甚至要求GPA 达到3.7或3.75。

尤其是在金融专业方面。每年会有约65%~70%(即2500~3000名)的学生进入我们学校。

背景资料：

华威大学入学要求

- 预科入学要求

重点高中毕业，平均成绩85%以上，IELTS5.5。

- 本科入学要求

（1）雅思6.0以上（理工科）。

雅思6.5（文科）。

雅思7.0（社会科学、商学院）。

（2）完成中国大一课程或大学预科课程。

- 硕士入学要求

（1）雅思7.0以上。

雅思6.5（WMG）。

雅思7.5（MBA）。

（2）部分理科专业雅思6.5，但学业成绩非常优秀亦可考虑。

（3）若学生的雅思成绩只有6分，学生就必须修读为期5个星期的学前英语课程（WMG）。

（4）重点大学本科毕业。

（5）大学本科毕业，至少3年工作经验，必须参加GMAT考试（MBA）。

问题：其中有多少中国学生？

S：大概每 65 名学生中就有 15 名学生来自中国。中国学生应该知道，既然中国是第一人口大国，那么在众多的申请者当中可能就会有更大比例的中国学生。许多在英国念本科的学生并不是来自英国，因为多数英国学生承担不了上学费用。

问题：华威会将注意力只放在中国排名前十的大学吗？

S：不全是这样。除了前十名的中国大学，我们也关注其他院校。

问题：申请的学生通常会找中介来完成申请或是自己独立完成。您认为哪种做法更好？

S：华威录取的学生中，有少数是在中介机构办理的申请。此外，我们有属于自己的办事处可以帮助学生进行申请。在资金上，华威也并不支持中介，不过我们会与部分中介合作。建议大家主动联系我们当地的办事处，能够尽可能独立完成一些研究。此外，通过各地的英国文化教育处，大家可查询到相关材料。还应该考虑申请学校的排名，有时仅仅关注前十的学校并不够，因为这十所名校也许并没有你想学习的专业课程。大家还可以多与已经在英国学习的同学联系。我们还有一个非常活跃的中国协会。

问题：我发现，相对其他学院制的院校，校园式的华威非常特别。

S：每一所英国大学都有各自的特点，像牛津、剑桥和杜伦大学采用的是学院制。所以学生申请的时候必须向学校以及学院同时递交申请。在这一点上，这三所大学和其他的英国大学很不一样。

问题：中国学生如何才能申请到奖学金？

S：有意愿做顶级研究的学生通常有机会争取到奖学金。我们最大的难题在于如何选择最有资格获得奖学金的学生。因为 GPA 的评定标准不同，中国学生的情况比较复杂。正因为这些因素我们才考虑由中国政府通过奖学金委员会作出决定。在本科生方面，奖学金就要少很多。

问题：在华威就读的学生需要上预科课程吗？

S：如果学生参加的不是A-LEVEL、IBC或其他任何一种欧洲国家的考试机制，那么通常情况下学生必须要上基础课程。华威就有高质量的基础教育课程（HEFP）。

问题：华威认可学生之前的大学成绩吗？

S：以往都不认可。不过近来我们和剑桥、布里斯托大学都有过这方面的合作。通过AMERSON计划，现在有一项专门的程序，这是为有能力从高中直接升入剑桥、布里斯托或华威的中国学生制定的。AMERSON计划大约创立于两三年前，学生需要接受专业测试和面试。AMERSON项目计划目前只是用于英国顶尖的大学。对于既拥有符合要求的语言水平又有专业表现的特定高中生，我们和剑桥、布里斯托大学都接受其对于本科学习的申请。

问题：那么，我们现在进入具体的申请环节，首先，关于如何写好PS，您有什么建议？

S：既没有完全正确的PS，也没有完美的PS。对于本科学位的申请需要注意几点。此外，申请英国的本科学位与申请美国的完全不同，不用花几页的篇幅来介绍你自己而是尽可能直奔主题，大约20行就能完成一份申请本科学位的PS。应该突出自己的亮点。如果已经在英国参加了基础教育课程的学习，那么这会对PS的完成有很大帮助。我们需要知道你在本专业之外对于申请的专业的兴趣所在。你可以为华威带来什么。我们很清楚今后要想有份理想的职业，专业知识和专业以外的知识都同样重要。

问题：华威期待什么样的推荐信？

S：我们需要写推荐信的学者或老师可以用流利的英文表达。对于书面的推荐信，上面要有学生的学校地址，标志或是联系方式。对于网上的推荐信，我们会用邮件与学生进行联系。另外我们还会对学生递交的申请材料进行核对。这样的方式更加公平。

问题：请您帮我们分类别讲解下华威大学的入学条件。

S：大学预科（Warwick HEFP）：在香港中学会考（HKCEE）取得不少于18分并完成中六课程或中国重点高中毕业，平均成绩85分以上，IELTS不低于6.5分。

本科（Undergraduate）：完成本科一年级课程或大学预科课程，一般需要GCE/HKALE A-Level成绩达到AAA-AAB或同等分数；并取得IELTS6.5分或TOEFL600分，其中社会科学学院要求IELTS取得7.0分或以上或TOEFL620分。

硕士（Master）：重点大学相关学士毕业，IELTS7.0分或TOEFL620分；商学院则要求IELTS7.5分以上，其中市场营销要求高于8.0分。MBA：大学本科毕业，至少3年工作经验，必须提供GMAT考试成绩，IELTS需7.0分以上，申请硕士以上课程需工作经验辅助，详情请访问华威大学官网。

问题：请谈谈华威大学毕业生在就业方面的情况。

S：多年来，华威大学一直保持高就业率及奖学金，这也可以说是华威大学的最大特色之一。华威大学与商业界及制造业企业有密切联系，使学生不论在课余实践以及毕业之后寻找工作，都可获得更多推荐机会。其研究生直接就业率高达98%以上。硕士毕业后，学生还可申请一年英国工作签证。2006年以来，绝大多数预科学生均可获得华威大学颁发的国际学生奖学金。

此外，在签证方面，在学生入学前，我们的签证专家将会对学生签证条件提前评估，我们拥有自己成熟的留学签证团队以协助学生申请签证。通过华威预科近一年的学习，毕业学生持有结业证书，以及华威校方推荐信和合理的留学计划，将签证风险降到最低，以往的预科学生签证通过率为 100%。

※ 对话布里斯托大学招生主任 Angela Millin

——布里斯托大学招办主任谈金融危机影响

问题：Angela 是一位非常幽默的女士，和您在一起交谈，非常愉快，尽管我们谈到的可能是比较严肃的话题。Angela 是招生办公室的主任，主管全校本科和研究生的录取工作。所以能否入读英国名校布里斯托大学，什么样的学生能获得布里斯托的青睐，Angela 是最有发言权的。

A：布里斯托大学的校训是：学习，发现，创新。主要是专注学校的三个领域。所有都是为了追求最高品质的研究成果。“学习”是关于学生在学校学习的经历，有能力接受先进的教学理念。“发现”是探索未知世界的精神，是希望学生永远保持对学习的热情。“创新”是第三个方面，是希望学生能把所学的一切转化成社会问题的解决办法。其实，今天的教育展上英国的布里斯托是世界大学排名最高的学校之一，今年的世界排名第 27 位，在各个世界名校当中脱颖而出。布里斯托大学在英国也一直是排在前 10，是一所非常优秀的大学。所以基本上一直都对中国学生有特殊的吸引力。今年其实布里斯托大学也是特别地关注中国的学生，并且大学对中国学生给予了更多的关注。

问题：请您从教育特色、专业优势、地理环境谈谈贵校。

A：英国布里斯托大学是历史非常悠久的英国传统优秀大学。它在各个方面的专业应该说都有自己的特色，比较突出的专业有工程、化学、戏剧、国际关系等等。包括财经、商科都是比较有名的，基本上属于前 10 名、前5名的水平。大学在各个方面都吸引了非常优秀的中国学生来这里学习。另外，说起布里斯托这座城市，因为我自己去过几次，应该说这座城市正好在英格兰西部，相当于英格兰西南的首都。这座城市非常安静，环境美丽，又是经济上非常发达的都市，所以在这边无论是购物、生活、学习都有非常好的氛围。

另外，在这个地方还有一个特点，它是英国传统的城市，相对来讲，英国人的比例会占得非常大，到这边更符合人们心目中英国氛围的感觉。

问题：我们都知道布里斯托大学是英国最好的大学之一，很多中国学生都想申请入读，但世界正处在经济危机的状态下，很多高校遭受财政赤字，布里斯托大学在招生中有没有什么影响？

A：我知道世界各地都正挣扎在经济危机中，我们做的是确保我们最好教学品质和经验没有被影响。让同学们都可以接受到最高品质的大学教育。

问题：现在大概有多少中国学生在布里斯托大学？

A：大概有600名中国学生。现在中国学生占的人数比例并不是特别大，这也是因为大学一直以来都保持了非常严格的学术标准。在布里斯托大学当中也是非常重视国际化学习氛围，所以它要保持来自于各个国家学生人数能够达到平衡。所以中国学生占的比例一直都是相对比较小，在10%以下的比例。

问题：我知道布里斯托刚过了100岁的生日，对于这么年轻的学校有如此的成就，我想知道是什么因素促成的？

A：有太多的因素了。我想最重要的是我们的教学质量，我们的教职工不断地追求卓越。

问题：好的，我们进入下一个环节，就是申请入学的详细要求，本科生跟研究生的入学条件是什么？此外，正如我们都知道要进入英国的学校一般都要写PS，推荐信，语言能力，领导能力，学术能力等等，我们现在一步一步地来分别介绍。

A：布里斯托入学标准一直都是比较高的，每个国家会有不同的学术水平，各个具体标准不同。比如说对国内的学生的录取标准，我知道布里斯托工程学的专业，参加英国高中课程，获得全部都是A的学生当中，会有四分之三的学生在申请我们大学之后没有被录取，这可以说要求是非常严格的。对中国学生来说对学习英语的水平要足够的优秀，要跟得上大学的课程才可以。大学今年也是专门开设了英语的准备课程。如果你的学术能力非常强，但是英语成绩稍稍差一些，你是可以有机会在上硕士之前有一个英语的培训。

基本上所有的大学都是公立大学，真正私立大学只有一所吧，公立大学占主导，我觉得英国大学的传统优势就是，学生可以在一个非常有保障的高质量的氛围之内进行学习。我们录取的学生基本上是最优秀的学生，通常地，我们会让中国学生参加预科课程再入读我们的本科课程。

问题：你可以解释下吗？都是说要“最优秀”的学生，那么如何把“最优秀”量化呢？如何帮助学生达到最优秀？

A：我们有自己的一个基础课程，这个课程是由学校提供，它有个优势就是，所有内容由我们设计，并且这个课程是和以后大学学位课程最好的衔接，是特别给入读布里斯托的学生准备的课程。

问题：是不是高中的毕业生一定要参加基础课程才可以入读大学？

A：高中毕业生可以在布里斯托读基础课程，也可以在别的大学读。通常我们不会直接录取高中毕业的学生，但也有例外的情况。大多数学生会入读基础课程。

问题：那你会不会接受高中成绩加上雅思成绩的学生？

A：两样事情要谈的，雅思是考查学生的语言能力，这也是让学生能够用英语解决生活和学习上的问题，第二个就是学术表现和你的学术潜能，我们需要的是你能证明你会成功完成在布里斯托的学习。因为布里斯托是一所顶尖的研究型院校。

问题：除了刚才你提到的国际预科课程，中国学生在申请时会选择 A-LEVEL、IB 和雅思成绩，你们会接受吗？

A：当然。

问题：那么你们最倾向于接受哪种成绩？

A：跟你老实说我们没有任何的倾向。我们会根据学生的意愿去审核。

问题：可能同学们对于国际预科课程不太了解，但我有学生直接来到英国考 A-LEVEL。他们觉得这样对于入学有优先权。

A：我们没有什么优先权，可能是 A-LEVEL 是我们最熟悉的资格考试，大多数英国学生会参加这个考试。对于来英国学习 A-LEVEL 或参加考试的同学可以先熟悉英国的不同教育体制和学习方法。但我们不会因为这样觉得 A-LEVEL 的学生就一定比其他资格考试的学生强。

问题：好的，我们谈下研究生的层次。

A：对于学生想申请研究生层次的学习，我们通常希望学生提供好的并且是诚实的学位。

问题：你所说的诚实是什么意思？在中国有多种学位获得渠道。其一，正规的大学生。其二，是自考生。其三，是专科生和成人教育。并且这些学历都是国家承认的，你都会接受吗？

A：我们不会在乎他们通过哪种途径获得学位，我们追求的是高水平的学术成就。

问题：那么，我想知道你们在选择学生中对于学业成绩的要求是多少。

A：通常是需要 80 分以上的学业成绩。

问题：好的，我们现在谈下推荐信的问题，刚才你也谈到了。最好的推荐信你觉得是怎样的？

A：我们所要的是，老师提供学生的一些背景，想从老师那里知道这学生是怎样的学生，他是否对他的工作和研究非常投入，是不是非常地有创新能力，认知和掌握能力怎样，强项在哪里等。

问题：那么，个人陈述应该怎样写好？中国学生在写作方面比较欠缺，特别是针对非母语的写作。你有什么建议在这方面？

A：个人陈述就是让学生本人讲述自己本身的情况。让我们知道他的性格，个人爱好、兴趣等等，我们期待学生跟我们谈下他们所选择的专业，为什么选择，兴趣在哪里，在入读这课程过程中所做过的一切准备工作。如果学生要申请医学课程，我们期望他对于现在医学的观点和实践有所看法。

问题：如果学生在PS中提到自己曾经了取得过的奖项，会不会对申请有帮助？

A：曾经获得的奖项不会太有用处，最重要的是你能有吸引学校注意你的地方。不要光说你获的奖项，为什么这个奖项重要，是因为我在这个学术领域非常优秀吗？

※ 对话约克大学国际办公室主任 Junifer 和高级招生主管 Gareth

——约克大学招办主任：申请人是否必须读预科

问题：首先请您简单介绍下约克大学。约克的座右铭是什么？

J：约克大学建立于 1963 年，初建校时有学生 200 名，至今已有学生 1 万 1 千名。而相关院系和研究中心也达到了 30 多所。约克自建校以来就注重于建立发展切实可行的院系，高水准的教学以及研究体系。约克大学一直以来就因其高质量的教学闻名。而其在 2008 年的调查评估报告中的出色表现也再一次证明了约克的学术研究能力是处于世界顶尖地位的。其中有12个学院排名全英前十，几乎所有的约克学院都排名全英前二十。

问题：在约克，校园生活是怎样的？

J：学校的主体部分位于Heslington，这是一座占地200英亩的公园，以其著名的湖泊和猎鸟闻名。这里的学院和学术建筑差不多都建在同一高度，彼此相隔很近。由于靠近历史名城约克，约克大学也非常受人欢迎，并有着优雅的散步、居住环境。

问题：现在的金融危机会对约克招收留学生产生影响吗？

G：申请情况还是可以用乐观来形容的。

问题：约克对于中国学生的录取数量有特定要求吗？

G：没有。现在我们的学生来自120个国家。中国学生还不是其中最大的学生群。

问题：目前在约克有多少中国学生？

G：大约500名。

问题：您具体介绍一下申请流程。

G：所有申请约克大学一年专业课程的学生必须要通过UCAS考试。具体专业科目在UCAS的网站上有详细体现。对于那些不是在校学生的申请者，可以登录UCAS网站了解相关事宜。申请医学院的学生请注意一些录取的特定安排。在申请前，学生应该通过网站了解有关约克大学以及即将申请的专业的信息。申请可以通过邮寄的方式或在网上进行。

问题：对于学生的专业表现有哪些要求？

G：申请本科生课程的中国学生必须要参加一年的预科学习。预科的入学条件：雅思5.5分，托福500分或优秀的在校记录。学生需年满17岁。课程持续时间：为期一整年，全天，九月至次年七月。该课程是针对不具备在英国就读本科专业要求的学生设立的。该课程包含相关专业的书面学习，就读专业的学习技能以及相关语言技能，学生将通过雅思考试，获得约克国际基础教育证书从而进入约克就读。成功通过考试的学生可从以下专业中选择一门就读：生物化学、生物学、商科、化学、经济学、教育学、卫生学、法律、数学、管理、政治、社会学、物理学、心理学、公共政治学。学校将通过考核学生的论文，平时作业成绩，社会实践以及卷面成绩对学生进行评估。学费：7 600 英镑 (2009/2010 学年)。申请研究生课程的中国学生需要有至少 80% 的 GPA。多数学院都是这样一个要求。而经济学院则要求学生的 GPA 达到 85%。

问题：那么，对学生的语言水平有怎样的要求（尤其是雅思水平）？

G：IELTS: 6.5、TOEFL: 100，大部分的专业需要学生（本科生和研究生）至少各达到：雅思 6.5 分或托福 100。

问题：什么样的人最适合写推荐信？

G：据我们的有关报告，大部分的是学术性推荐人。学生们可以根据自身情况选择合适的推荐人，只要能确保提供信息就可以。 在申请时，学生应该准备两封学术性推荐信。一封需要有细节证明你有能力学习即将申请的专业。学生还需在申请中寄来每位推荐人的相关介绍。需要用信纸写推荐信，在信封的封章上应该有签名。

问题：如果有些学生没能达到约克的要求，还有机会进入约克吗，比如通过预科或语言培训？这些培训课程持续多长时间，相关费用是多少？

G：如果有些学生没能达到约克的雅思要求，还是有机会通过预科课程的学习进入约克的。相关培训课程有限，经常会被学生提前预订满。

02 留英生活指南

Part 1 出国前准备阶段

※ 行李准备

* 入关文件

出发前，请确认所有入境所需文件已办理齐全。入关文件包括：

① 已签证的有效护照。

② 赴英机票。

③ 体检证明：《国际旅行健康证明书》和《国际预防接种证书》。

④ 学校录取通知书。

⑤ 经济证明文件：银行存款证明、经济担保信、奖学金证明（如果有的话）。

⑥ 学位 / 资格证书正本（或者加盖公章的副本）。

⑦ 在英国住宿的相关文件。

注：入境时，入境官员和卫生官员会要求出示以上文件，因此请将其放在随身携带的行李中，以方便取出。入境常问问题包括：去哪里读书，就读什么专业。此外，请记得填写入境登记卡。

* 收集当地资讯

广泛询问并查找资料，确定必要行李和初到英国之后的生活必需品采购。相关资讯包括：

① 气候、温度。

② 地接信息（接站人，交通线路，临时住处）。

③ 学校注册信息（报到时间，地点，流程）。

④ 课程安排和相关书籍资料。

⑤ 学校组织的相关活动。

⑥ 当地中国社团：地方中国学联、全英中国学联的迎新活动。

* 建议携带物品

① 个人衣物：

- 内衣、袜子等以两星期换洗为最适宜。
- 英国的服装搭配选择多样，适量携带喜欢的衣服即可，你可以在日后自行采购。
- 可携带一两套中国传统（或改良式）服装，在学校举办的国际节或晚宴中穿。耳目一新的同时，也可展示中华文化艺术。
- 西装和礼服，常使用于学校舞会和一些社会活动。
- 英国温差较大，适宜随身携带一件薄外套。
- 英国降雨很多，可根据个人情况携带一件带帽子的防水户外冲锋衣。同时，有必要准备一把结实的雨伞，会为出行带来方便。

② 书籍：

在英国书店购买书籍十分昂贵。书店除了展销课程指定的教科书外，多是一些通俗读物，与课程对应的参考书相对较少。一般大学图书馆的藏书非常丰富，但不能在书上做注解。因此，重要的书籍和参考资料在学习过程中非常重要。请根据学校课程安排和介绍，购买相关书籍或者通过网络下载一些必备资料。

③ 电脑软件及个人电子资料备份：

电脑在英国大学是普遍使用的学习工具，常用的杀毒软件，操作系统安装盘，专业应用软件和电脑驱动软件是非常重要的。

同时尽量准备好个人资料备份，如：写过的文章，重要的电子文档，重要照片和视频等。个人重要资料的备份可以减少很多不必要的损失。

④ 药品：

- 因个人健康关系需要定时用药的人，要准备足够的药量，并将医生处方或说明书带在身上。
- 除非特殊的病例或病情严重，必须医师诊断、并开处方外，一般的药品如消炎药、止痛药、维生素、感冒药、各种药膏及外伤急救药物可以在一般药店买到，若有疑问，还可请教该店的药剂师。
- 自己可准备一些临时应急的胃肠药、感冒药、万金油等。
- 有近视的同学，眼镜最好带两副，并携带验光单，以防眼镜损坏、遗失。

⑤ 文具用品：

一般文具用品可在大学内商店或超市以及文具店购得，对于专业要求所需的特殊文具用品可以自行携带。

⑥ 日常用品：

所有日用品皆可在英国一般商店或者超市买到，有些价钱甚至比国内便宜，因此没有大量携带的必要。想自炊的同学最好准备电饭锅。但如果学校附近有较大的中国城，可以在抵达后至中国城再买。

⑦ 其他个人必需品：

- 照相机、录音机、MP3、手机、化妆品等。

- 变压器、转换插头和插线板：英国的标准电源是240伏、50赫兹的交流电，三相和两相插座。相应产品可在国内各大超市或电器城购得，只需说明是国标转英标插头即可。

  建议选择三相、两相兼备的转换插头，以减少不必要的重复。

- 护照照片10张左右，相关申请所需照片会有要求的变更，10张照片足够。英国的大型超市都有自助照相柜，非常方便。
- 全家福及亲友的照片，以及其他可以增添生活情趣或平常精神寄托的物品。

⑧ 礼品：

礼品无需贵重，体现中国特色即可。例如：中国茶叶、剪纸、邮票、小饰品等，送朋友、老师和房东。

* 禁带物品

按照最新英国海关出入境要求，以下物品不准入境。

① 新鲜、脱水或罐装的肉类、肉制品或奶类制品。

② 植物种子、蔬菜、蜂蜜、水果及土壤。

③ 昆虫及其他对植物有害之虫类。

④ 非罐装或腌熏鱼类及鱼子。

⑤ 野生动物及标本。

⑥ 毒品及危险药品。

⑦ 伪造和非法翻印的破坏专利的物品，例如盗印（无版权）书籍及录音、录影带、计算机存储介质及其他物品。

⑧ 彩券。

⑨ 军火弹药，轻型武器，爆炸物和弹药，包括电子爆破设备（例如 stun gun）和煤气罐。

⑩ 进攻性武器，例如弹簧刀，指节铜套和其他一些技击设备。

⑪ 有淫秽和猥亵内容的物品，包括书、杂志、电影、录像带、激光唱片和软件、计算机存储介质及其他物品。

⑫ 珍贵文物及其他禁止出境的文物。

⑬ 伪造的货币或有价证券。

* 打包行李

整理行李的诀窍：

① 使用按压式或抽取式压缩真空袋，可十分有效地节约空间。

② 重的物品置于皮箱最下方。

③ 大件物品先摆进去。

④ 内衣、毛衣先卷成圆筒状。

⑤ 容易损坏的物品，可用衣物包裹。

⑥ 剩余空间可放置手帕、袜子等小件物品。东西放置越紧密，越不会损毁行李。

⑦ 托运行李要写明姓名、英国地址与联络电话。如果没有在英地址，可以写上外籍学生顾问办公室的地址或就读学校中国学生学者联谊会的地址。行李内也需放置一份英国联络地址电话，万一行李外面的名条遗落，航空公司可以打开行李，找到行李主人的联络方式。

* 先寄出的行李

通过邮局海运，行李可直接寄达，不必另外办理出入关手续。但应注意正确填写包裹内容、价值。否则有可能面临不必要的海关检查和收税要求。收件人姓名、地址，特别是邮编非常重要，请务必填写清楚。英国邮政系统是按照邮编分类信件和包裹的，如果邮编不正确，即使地址没有问题，信件或包裹丢失的可能性也非常大。沉重的档案、资料和书籍，为免旅途劳顿，以海运为宜。可向邮局洽谈纸箱大小及重量限制。建议你用最大容量的纸箱包装，书只装一半而保留最后两公斤放些占空间却质轻的东西。易损坏的物品最好充塞保护物。邮寄时间约四十五至六十天。如果已确定自己的住宿地址，可提早寄出或寄至学长家。有些学校的外籍学生顾问也帮忙代收留学生寄送的行李。

* 航空托运和随身行李

① 航空托运行李：

- 托运行李重量一般在20～30公斤左右，一定要记得与你的航空公司确认免费托运行李的重量。最好不要存在任何侥幸心理，以免超重而加收运费。
- 由于海运要承担遗失、损坏的风险，重要行李以随机托运为宜。若一个人携带多件行李，又无人接应帮助，须考量自己的搬运能力。

② 随身携带上机的行李：

大多数航空公司一般允许免费携带6公斤（手提电脑除外）的手提行李，有关手提行李重量和体积的详细规定，请尽早与航空公司确认。

※ 报关

从中国出境，如果需要携带电脑、高级照相机和摄像机等物品，需要向海关申报，这样在携带这些物品回国时就不需要纳税。如果不清楚自己携带的物品是否需要申报，建议向海关查 询：http://www.customs.gov.cn/tabid/39116/。

※ 英镑兑换

根据国家外汇管理局的有关规定，自费出国留学人员可凭录取通知书，到当地银行，按学年兑换学费和生活费。第一年的学费和生活费的购汇必须由本人或监护人亲自办理。

办理时应携带：

① 汇款人身份证。

② 明确写明姓名及攻读何种课程的录取通知书。

③ 由英国学校出具的学校账户和地址等详细信息。

④ 填写完整的居民出境购汇单（购汇时在银行柜台填写）。

⑤ 填写完整的境外汇款申请书。

※ 英镑携带

① 国际金融汇票：先把钱存入银行账户或邮局，只要你的护照鉴定完毕就可以将这些钱取出。国际汇票的价值根据当天汇率的变化也会有所变化，因而在现金总额上会有所减少。

② 银行汇票：这是一种与国际金融汇票很相似的办法，只不过它要求必须把钱存入银行的账户。如果你随身带有汇票，你就可以到英国国家银行提取英镑。

③ 电汇：这是汇款的最快捷而相对比较贵的一种方式。普通的银行电汇方式需要收款人在英国拥有银行账号，而其他比如西联汇款等机构则没有这个限制，且款项汇出之日就可以取款。

④ 旅行支票：除了急需现金的情况外，在等待银行汇票或汇款期间也需要一定的现金。与其随身携带大量现金不如带上一张旅行支票，因为后者更为安全，并且在丢失或被窃情况下可立即挂失，但是旅行支票的兑换会根据当日汇率变化进行兑取，会影响票面价值。

⑤ 信用卡：大多数信用卡在英国都是通用的，无论是购物还是从自动柜员机中提取现金，都非常简便易行。但是你应该向最初存款的银行了解清楚，在海外每使用一次信用卡需要付出多少手续费。

⑥ 通过外资银行开立海外学生账户：如果是父母送到国外读书的，由于国外银行开户要求比较严，在那里开立账户可能会碰到一些麻烦，甚至开不了户。这时，可以选择一些外资银行，让它帮你先开个账户。

按规定，每位出境人员原则上不得携带超过等值 1 万美元的外币现钞出境。如有特殊情况，可向存款或购汇银行所在地的外汇局申请《携带证》，需准备的材料与上述基本相同， 外汇局审核出境人员提供的材料无误后，对符合规定条件的，向其核发《携带证》，并留存书面申请及其他材料的复印件 5 年备查。海关凭此《携带证》放行。

※ 资料备份

护照应复印或扫描。护照首页含护照号码、发放日期和地点等信息，以及有效签证的几页都应复印或扫描保存，以便在万一遗失时，能够迅速提供有关信息，缩短补办时间。如果你开立了汇票、旅行支票或信用卡，请记下有关号码，如遗失可以马上通知银行。

建议大家保留一份录取通知书、护照、飞机票等重要材料的备份件在中国的亲属手中，以防万一。另一方面如果国内亲友需要办理某些材料，如探亲签证等，可以便于办理有关手续。

Part 2 初抵英国

※ 入境须知

* 入境步骤

下飞机后跟随“Arrivals”标志牌走，除非你在该机场转机；“Arrivals”会指引你到入境检查处（Immigration Control）；入境检查处有电子显示屏告诉你应该通过哪个通道；所有乘客必须从指定通道办理其所乘航班入境手续；入境官员会检查你的文件是否齐全，以及是否持有已有签证的有效护照；检查无误后，入境官员会在你的护照上盖章，标明入境日期。

首次入境国际学生需准备以下材料：

① 填写好的入境卡。

② 录取通知书。

③ 中国健康证明。

④ 银行账单 / 资金证明。

* 海关检查

通过入境检查后，根据电子显示屏上的航班号码可以领取行李。如果发现行李不齐，立即与你的航空公司在机场的办事处联系。领取行李后，下一步是通过海关检查。你会看到 3 个出口：绿色通道：来自欧盟外国家，没有需要申报的物品。红色通道：来自欧盟外国家，有物品需要申报。蓝色通道：来自欧盟国家。

如果你携带的免税品超过限额，你就必须选择红色通道。

可以免税携带的物品包括：

① 200 支香烟，或者 100 支小雪茄，或者 50 支雪茄烟，或者 250 克烟草 。

② 2 升佐餐葡萄酒 。

③ 1 升酒精含量过 22% 利口酒，或者 2 升高度葡萄酒，发泡香槟酒或者其他利口酒 。

④ 60 毫升香水 。

⑤ 250 毫升花露水 。

⑥ 价值 145 镑的全部其他货物，包括礼品和纪念品 。

17 岁以下的人不可以携带烟草和酒精制品进入海关。

英国对走私和毒品要求严格。因此切记避免涉及任何毒品，千万不要替陌生人携带行李和包裹过关。

有关详情，可向英国关税与消费局咨询。

Service Team, HM Customs and Excise, 6th Floor,

Dorset House, Stamford Street London,

SE1 9PY. TEL:+44208 9296571。

※ 安排行程

在机场一般均有方便的巴士、英国国家快运系统长途汽车（National Express）、火车、地铁。可乘坐以上交通工具前往目的地。如果你带有较多行李，可以在机场乘坐出租车或者打电话约私人服务车。英国大多数城市的出租服务非常规范，小城市内出租费用为五英镑左右，司机可以开具里程证明。夏季英国到晚上九点左右才天黑。在计划行程时，不要忘记考虑时差。一定要清楚抵达英国的当地时间是几点。这点十分重要，因为如果在深夜或节假日抵达的话，车次会相对较少，为此你可能被耽搁而不得不在机场附近过夜。一些就读学校会提供机场接机等服务，所以请稍加留意。

从 Heathrow 机场到伦敦市中心交通方式如下：

① 机场快线（Heathrow express）：从 Heathrow 到伦敦 Paddington 车站最快捷的方式。每 15 分钟一班，15 分钟可到达 Paddington 站。单程车费为 16.5/18 英镑（直达），7.9 英镑（Heathrow connect 中间停 4～5 站）。

② 伦敦地铁（London underground）：从机场乘坐 Piccadilly Line 可到达伦敦市中心。每 5 分钟一班，单程 4.5 英镑。

③ 的士（Taxi）：从机场到市中心乘坐的士非常方便，但是价格比较昂贵，单程车费 80～100 英镑左右。

④ 巴士（Coach）：巴士是最便宜的交通方式。根据不同的线路，有多个方向和目的地。时间比较长，从机场到市中心估计时间为 1 小时。

机场咨询处有相关信息。单次车费 2 英镑。

Heathrow 有到各大城镇的巴士，也有去 Working 和 Reading 火车站的巴士，可以通过这两个火车站中转前往英国的西部、中部和北部。详细信息可以查询英国国家快运系统。www.nationalexpress.co.uk

Part 3 留英须知

※ 警察局注册

所有来自非欧盟成员国，并打算在英国停留超过六个月的人员，都要在抵英后七日内向英国当地警察局登记备案。首次注册费用为 34 英镑。注册材料包括：

① 3 张 2 寸照片。

② 护照 。

③ 填写完整的“Foreign Nationals' Registration”表。

当注册资料准备完毕，警察局会签发一份“警察局注册证明”。此证明是个人信息更新、申请续签的重要文件，请妥善保管。如证明丢失，你可以得到一份替代资料，此时需要再次补交 34 英镑手续费。以下任何情况如果有改变，你必须在七天内向警察局报告：

① 你的住宿地址有改变。

② 你中学 / 学院 / 大学或职业有改变。

③ 你的婚姻情况有改变。

④ 你的签证有新的限制条件。

⑤ 你的护照有更新。

⑥ 你在英国的续签申请被内务部批准。

当你去警察局更改信息时，一定携带“警察局注册证明”。

除证明丢失以外，更改信息是免费的。

如果你的学校统一安排了警察注册时间，参加学校安排的警察注册，无需前往警察局。

※ 中国驻英使馆留学人员报到登记

在英国正规高等院校、科研机构进修、学术访问、攻读学位，连续居留六个月以上的留学人员，抵达英国并注册成为正式留学人员后，需要向中国驻英国大使馆教育处或曼城总领馆教育组登记报到；在学成回国工作时，可以向教育处（组）提出申请办理《留学回国人员证明》。网址：http://srs.moe.edu.cn

※ 中国驻英国大使馆教育处及领事部（馆）的联系方式

中国驻英国大使馆教育处 Education Section, Chinese Embassy Association

地址：50 Portland Place London W1B

电话：0044-20-76120250

传真 :020-75804474

电邮 :jiaoyuchu@edu-chinaembassy.org.uk

网址：http://www.chinese-embassy.org.uk

中国驻英国大使馆领事部 Consular Section，Chinese Embassy

地址：31 Portland Place，London，W1B 1QD

电话：020-7631 1430

传真：020-7636 9756

电邮：consular-service@chinese-embassy.org.uk

网址：www.chinese-embassy.org.uk

中国驻曼彻斯特总领事馆教育组 Education Section Consulate

网址：http://www.cneduman.org/

地址：Education Section Consulate

General of P.R.China

153 Barlow Moor Road

West Didsbury

Manchester M20 2YA

电话：0044 (0) 161-4454586

传真：0044 (0) 161-4489154

中国驻爱丁堡总领事馆 Chinese Consulate-General in Edinburgh

地址：55 Corstorphine Road,Edinburgh EH12 5QG

电话：0044 (0) 131-3373220

传真：0044 (0) 131-3371790

※ 办理《留学回国人员证明》有关说明

《留学回国人员证明》是留学人员在国内证明留学身份、联系工作、创办企业、落转户口、申请国内各类基金等必备的材料。

来英留学人员应首先在我驻英使馆教育处（或驻曼城总领馆教育组）办理报到和注册登记手续（http://srs.moe.edu.cn）。在完成学业回国时，按照我驻英使馆教育处（或驻曼城总领馆教育组）的规定，提供有关材料，申请开具《留学回国人员证明》。《留学回国人员证明》发放对象：凡持有效 STUDENT 英国全日制高等院校攻读本科（含本科）以上学位的中国留英学生、持 ACADEMIC VISITOR 签证的访问学者和持 WORK PERMIT 签证的在英国高等院校、科研院所做博士后的研究人员，并且在英国居住 6 个月以上，抵英后已在留学人员报到登记系统进行报到登记的留学人员。

对非上述人员，驻英使馆教育处将按照国家有关规定不予以开具《留学回国人员证明》。

《留学回国人员证明》表的第一联由留学回国人员妥善保存，第二联由留学回国人员带回国内向海关申报购买国产免税小汽车，第三联由我驻英使馆教育处（或驻曼城总领馆 教育组）存查。

申请办理《留学回国人员证明》时，请将以下申请材料寄给各自的负责老师（请在信封左下角注明“申办留学回国人员证明”字样）。邮寄前请留学人员认真核对报到登记表中各项信息，有关材料请使用A4纸，并按以下顺序整理好。材料不齐全者请勿邮寄，以避免因无法办理而造成材料遗失。申请材料将不被退还。

* 攻读学位者

① 带序列号的报到登记表打印件，并在打印出的登记表空白处粘贴2寸照片一张（使用您的注册账号登录报到登 记系统后，可以打印报到登记表）。

② 护照身份页、在学期间英国有效签证页复印件。

③ 就读学校出具的证明信原件（需要说明从何时至何时在何校何专业注册攻读何种学位，已经在何时毕业并获得何种学位，签发证明信人员的联系电话、传真和邮件地址）。

④ 同意大使馆到你原就读院校核实情况的授权信。

⑤ 毕业证书复印件。

⑥ 学习成绩单复印件（研究型硕士或博士生没有考试成绩的，可以不提供，但需提供学校出具的相关说明信原件）。

⑧ 回国机票复印件，或电子机票确认件，或学业结束后回国时护照入境盖章页复印件。

⑨ 贴足英国邮资并写清楚回邮地址的中号（A4纸的一半）回邮信封。

请正确、详细地写好回邮地址及邮编，并要保证3个月内回邮地址有效。如寄到英国地址，请贴 FIRST CLASS 邮票；邮寄到中国，至少应贴1.50英镑英国邮票。若使用大号信封，寄到英国地址，请贴FIRST CLASS LARGE邮票；邮寄到中国，至少应贴1.50英镑英国邮票。

有关材料请使用 A4 纸，并按以上顺序整理好。邮寄前请留学人员认真核对报到登记表中各项信息。材料不齐全者请勿邮寄！以避免因无法办理而造成材料遗失。

* 访问进修、博士后者及其他

① 带序列号的报到登记表打印件，并在打印出的登记表空白处粘贴2寸照片一张（使用您的注册账号登录报到登记系统后，可以打印报到登记表）。

② 护照身份页、在学期间英国有效签证页复印件。

③ 进修或科研工作单位出具的进修或科研工作证明信原件（需注明从何时至何时在何单位做何科研工作；签发证明信人员的联系电话、传真和邮件地址）。

④ 回国机票复印件，或电子机票确认件，或学业结束后回国时护照入境盖章页复印件。

⑤ 贴足英国邮资并写清楚回邮地址的中号（A4 纸的一半）回邮信封。请正确、详细地写好回邮地址及邮编，并要保证3个月内回邮地址有效。

如寄到英国地址，请贴 FIRST CLASS 邮票；邮寄到中国，至少应贴1.50英镑英国邮票；若使用大号信封，寄到英国地址，请贴FIRST CLASS LARGE 邮票；邮寄到中国，至少应贴 1.50英镑英国邮票。

有关材料请使用 A4 纸，并按以上顺序整理好。邮寄前请留学人员认真核对报到登记表中各项信息。材料不齐全者请勿邮寄！以避免因无法办理而造成材料遗失。

负责老师在收到以上材料后，一般情况下将在20个工作日内对材料进行审核，《留学回国人员证明》的审核办理结果会在报到登记系统里显示，请申请者在邮寄材料后经常登录报到登记系统进行跟踪查询。

审核通过者的信息将被锁定，不能再进行修改。其他相关问题请阅读教育处网站有关办理《留学回国人员证明》的常见问题解答。

※ 健康及医疗

英国的国民健保制度（National Health Service，简称NHS）是具有社会福利性质的公共医疗制度。由于中国不是英国所谓“医疗互惠国”，因此受到一项限制，即对于来自非英国的“医疗互惠国”的学生，NHS医疗服务适用对象只限在英学习课程六个月以上的学生及其眷属。至于居住不满六个月者，则须自费就医或购买医疗保险。

留学生在英国留学，GP注册非常重要，因为享受英国政府的公共医疗保障，是对人身健康的保证。

注：虽然 NHS看病是免费的（但一些项目，如牙科等并不免费），按处方购买药物还要按照国家规定的价格自己付钱。不论药品的实际价值，药店为每张处方收取一定的费用，所以有时候没有处方反而比处方价格便宜，具体可以向药店工作人员咨询。

以下介绍如何选择家庭医师（GP：General Practitioners）、注册手续、看诊方式、急诊和转介以及牙医服务，以供参考：

选择家庭医师（GP）、注册手续、看诊方式、急诊、转介。

* 如何取得家庭医师的名单

假如学校已设有健康医疗服务中心，可直接在学校注册，但若因住宿地方较远，或学校无保健中心，则可在居家附近诊所注册。可以通过询问以下单位获取 GP 地址信息：宿舍管理办公室、当地保健局、当地社区保健委员会、市民咨询局、药房、邮局及公立图书馆等，而这些单位的电话可于电话簿找到，或到您住处归属的市政局查询。也可以通过 NHS 网站查询。（http://www.nhs.uk/servicedirectories/Pages/ServiceSearch.aspx）

* 若选定适当的诊所（surgery），宜及早前往注册

应携带的文件包括：护照、入学许可（offer）和学校出具的 GP 申请信，以证明您的身份。诊所的接待员会请您填写相关表格。接着会安排护士来替您做健康检查，基于防治的观念，有时护士会建议相关疫苗的注射等，如果同意，就会替您填写另一张表格，届时可持此表至指定的医院注射；在完成这些手续后，会在两周内收到 NHS 医疗卡 (NHS medical card)，卡上会有您的医疗号码、当地家庭医疗服务局的名称与地址，卡的背后有一些重要的信息可供参考，例如一旦无法找到医师可注册时，您的 FHSA 将有义务提供协助。但是也有另外一种情况，就是诊所已经登记了注册信息，不发医疗卡，实际效果一样，没有什么影响。

* 到诊所（surgery）看病或请求出诊（home visits）

去 GP 就诊时，通常电话提前预约，但若遇紧急情况时，亦可于当日打电话至诊所柜台表示情况特殊等理由要求看诊，有些诊所的政策会留一时段以供无法预约却又急需看诊者。GP 看诊时通常会问及有何问题、症状何时开始、变化情形及过去有无类似情形等，所以前往 GP 时，先整理出与病情可能有关的讯息，以供 GP 参考，GP 会视情形开立处方（prescription）或建议，并提醒您若症状未获改善的话于多少日内回诊。一旦因病情无法至诊所看诊时，您可要求您的 GP 出诊，但最好于早上十点以前（紧急情况则除外）通知医师并告知症状细节；但若非诊疗时间，有些诊所会有值班人员，可能就您的病情提出适当的建议；若病情非常紧急且需立即处理，则可到医院看急诊。

注意事项：

NHS 所提供的医疗水准良莠不齐，所以虽享受免费的医疗服务，但需有一定的心理准备，不要期望接受完美的服务， 并在来英时自备一些常用药品。NHS 预约期较长，有时甚至超过一个月，所以一定要有合理的计划。

* 急诊情况

遇有重大伤害或立即威胁生命的状况时，请速拨 999 叫救护车，并报上姓名、电话及住址。若当事人仍可自行前往医院的急诊处，可在急诊服务处挂号，而急诊先后处理顺序依病情严重性分类，由于服务需求量大，不少人有候诊数小时的经验。

* 转介至专科医师 (Specialist)

由于 GP 是第一线医师，任何的转介均须从 GP 开始，若 GP 认为患者情况超出其诊治范围时，会将患者转至相关医院，待一切手续排定后，医院会寄给您一张通知单、相关的细节及预约时间。当您认为有必要进一步检查，但 GP 却不认为如此时，可以努力说服 GP。从家庭医师转诊到专科医师，等候时间 (Waiting list) 很长。

* 口译者 (Interpreter) 的需求

若就诊时，遇上语言沟通有困难且确需人协助翻译，可向 GP 或专科医师提出此需求，该位口译者的一切费用会由 NHS 支付，由于英国是一个多元民族与文化的国家，因此在一些 NHS 的地区健康医疗机构，也招募并训练这些口译员，而他们具有替求诊者保密的义务。

※ 安全及防范措施

与其他欧洲国家相比，英国治安相对良好。留学生初来乍到，容易成为犯罪袭击目标，所以生命和财产安全尤为重要。安全问题可分为两类，居家安全和户外安全。根据驻英使馆中国公民领事协助在英须知，以下问题请多加注意：

① 驾车必须遵守交通规则，请勿夜间长途驾车、酒后驾车、疲劳驾车。

② 不要轻易搭车，或让人搭车。

③ 当穿越马路时，要特别小心，因为英国的机动车都是靠左行驶的。要切记，穿越主要路口，需留意地面上“注意左边和注意右边”的提示。有些主要路口有人行横道指示灯控制按钮，过马路时按此装置可出现提示，示意过往车辆停车等候。

④ 不要携带大量现金，最大限度地利用银行卡、支票等支付工具。

⑤ 将护照、银行卡和支票号码进行备份，以便在遗失后可以及时、准确地挂失、报案。

⑥ 避免与酗酒的人发生争执。

⑦ 避免夜间单独出行，尽量避免穿越无人的街道。

⑧ 将你的行踪告诉房东、朋友或亲戚。

⑨ 远离毒品。

⑩ 保管好自己的私人物品，如遇盗抢，应及时报警，并可寻求学校国际办公室的帮助。

⑪ 租房前，请仔细考察房屋周围治安问题。

⑫ 租房时认真看清合同内容，及时与房东取得联系，确认信息，尽早在各种问题上达成一致。

⑬ 交友要慎重，要有自我保护意识。

⑭ 公共场合（如车站）行李包不要离身。

⑮ 请牢记一些急救电话，在发生冲突或紧急事件的时候，及时寻求帮助。

英国有许多商业保险公司提供各种保险服务，包括多种针对学生的保险品种，如学生财产险等等。可以在当地了解 相关信息并查询比较适合自己的保险种类。

※ 护照延期

留学生所持有的因私护照到期前6个月内可到中国使（领）馆领事部（签证组）办理新护照。所需的材料为：

* 护照

在读证明（学校出具的证明）。

联系地址如下：

London

31 Portland Place, London, W1N 3AH

Tel: 020-7631 1430 或 020-7299 8426

Fax: 020-7636 9756

周一至周五上午9：00－12：00 办公。

Manchester

Denison House, 49 Denison Road,

Rusholome, Manchester M14 5RX

Tel: 0161 224 8672

Fax: 0161 257 2672

Edinburgh

Chinese Consulate, 43 Station Road,

Edinburgh EH12 7AF

Tel: 0131 334 6954

Fax: 0131 334 6950

注：因近期英国经济状况等因素，英国新政府正有趋势逐步缩减对外国人士的签证数额，各种签证政策以及针对非英籍人士的政策可谓瞬息万变，因此强烈建议向有关专业人士详细咨询。

※ 护照丢失

留学生护照丢失、被盗、被抢事件时有发生，这就需要到中国使（领）馆领事部（签证组）办理护照补发手续。需要准备以下材料：

① 当地警察局出具的报案证明。

② 当地报纸刊登的护照作废声明。

③ 3 张护照尺寸照片。

④ 最好提供原护照复印件。

⑤ 到使馆填写有关补发护照表格后等待使馆通知。一般需要 1~2 个月的时间。

※ 公证

中国公民需要在英国办理的所有公证、认证及委托书等事宜，均须到使（领）馆领事部（签证组）办理。有关详情及申请表格请参阅：http://www.chinese-embassy.org.uk/chn/lsyw/gzrz/default.htm

办理公证简介：

申请人须具有中国国籍（申请健在证明除外），且具有民事行为能力。申请人须本人来使馆办理，不得委托他人代办，如不能亲自前来，可在当地办理公证，经英国外交部认证后，再委托他人到我馆办理认证手续。

* 办证时间

星期一至星期五 上午9：00－12：00（节假日除外）。

* 取证时间及地点

中国驻英国大使馆（伦敦）、曼彻斯特总领事馆和爱丁堡总领事馆都可以办理。五个工作日之后，凭取证单到领事部交费取证。

* 办理公证种类及要求

（注：以下信息以使馆网站为准）

① 购房委托书：

- 当事人须出示有效中国护照和有效英国签证原件，并提供相应的复印件。
- 公证窗口接受申请后，当事人需填写《办理公证文件申请表》。
- 填写委托书，核实无误后在公证人面前签名，并将其文件复印，备份。
- 将申请表、委托书及所要求提供的复印件一起递交公证窗口。

② 售房委托书：

- 当事人须出示有效中国护照和有效英国签证原件，并提供相应 的复印件。
- 所售房的房产证明文件（复印件及传真件均可）。
- 公证窗口接受申请后，当事人需填写《办理公证文件申请表》。
- 填写委托书，核实无误后在公证人面前签名，并将其文件复印，备份。
- 将申请表、委托书及所要求提供的复印件一起递交公证窗口。

③ 声明书：

- 当事人须出示有效中国护照和有效英国签证原件，并提供相应的复印件。
- 公证窗口接受申请后，当事人需填写《办理公证文件申请表》。
- 填写声明书，核实无误后在公证人面前签名，并将其文件复印，备份。
- 将申请表、声明书及所要求提供的复印件一起递交公证窗口。

④ 未婚声明：

- 当事人须出示有效中国护照和有效英国签证原件，并提供相应的复印件。
- 公证窗口接受申请后，当事人需填写《办理公证文件申请表》。
- 填写未婚声明书，核实无误后在公证人面前签名，并将其文件复印，备份。
- 将申请表、声明书及所要求提供的复印件一起递交公证窗口。

⑤ 结婚证公证：

（2006 年 11 月 1 日以前在驻英国使馆办理结婚登记的可以申办结婚证公证，其他在国内登记结婚的，应在中国申请结婚证公证。）

- 当事人须出示双方有效中国护照和有效英国签证原件，并提供相应的复印件。
- 当事人须出示结婚证原件，并提供复印件。
- 公证窗口接受申请后，当事人需填写《办理公证文件申请表》。
- 将申请表及所要求提供的复印件一起递交公证窗口。

⑥ 离婚委托书：

- 当事人须出示有效中国护照和有效英国签证原件，并提供相应的复印件。
- 公证窗口接受申请后，当事人需填写《办理公证文件申请表》。
- 填写离婚委托书，核实无误后在公证人面前签名，并复印一份。
- 将申请表、委托书及所要求提供的复印件一起递交公证窗口。

⑦ 健在证明：

- 当事人须出示有效中国护照和有效英国签证原件，并提供相应的复印件。
- 公证窗口接受申请后，当事人需填写《办理公证文件申请表》。
- 将申请表及所要求提供的复印件一起递交公证窗口。

※ 父母来英探亲签证

探亲签证名字叫做 FAMILY VISITOR。主要签发对象是给那些想去英国探亲（或朋友）的人，现在对于这种签证签发，根据不同的情况会给 6 个月，1 年，2 年，5 年，10 年的有效期。探亲签证一般情况都是多次往返签证。也就是说，如果你拿的是 6 个月或者 1 年 FAMILY VISITOR 签证，在有效期之内你来英国多少次都没有问题。为了帮助申请父母来英探亲签证的同学办理顺利，现列出以下探亲签证材料清单。以下材料，全部需要另外提供一份复印件，中文材料还需翻译件。

* 从英国寄回国内的材料

邀请信一封。信里写明邀请父母来英目的，打印后本人签名。

① 由学校出具的证明信一封。在 International Office 那里填表申请，非常方便，里面有关于你个人身份的证明，住宿地址的证明等。

② 你自己的护照首页及有效签证页。

③ 警察局注册的复印件。

④ Bank statement。

* 父母在国内准备的材料

① 申请表。

② 父母的护照。护照应拥有超过他们离开英国之日起六个月的有效期，以及至少两面的空页。

③ 工资证明。包括职位和收入证明。如退休，提供退休证明。

④ 由单位出具的准假证明。

⑤ 资金证明。

⑥ 子女的出生证。

⑦ 户口本。

⑧ 房产证。

⑨ 照片（白底彩色 35mm×45mm）。

⑩ 签证费用。

Part 4　生活指南

※ 服饰

英国人穿衣风格各异，根据职业不同，穿着差异很大。职业白领以职业正装为主，学生及日常工作人员以休闲服装为主。

* 英国气候特点

英伦三岛纬度较高，属典型的温带海洋性气候。气候特点表现为：年温差小，降雨量大、分配均匀。最冷月均温均在0℃以上，夏季受西风影响最热月均温在22℃以下。冬季昼短夜长下午4点左右天黑，夏季昼长夜短，晚上9点左右天黑。

* 着衣特点

保守的英国人对于着装像他们对待一切事物一样有着固有的意识和观念，他们已经能够明确地通过自己的着装表达自己的观念和追求。不同的场合穿着不同的服装是英国人着装的特点。在工作场合，他们十分注重严肃和庄重的仪表，男士通常穿西装结领带，女士通常穿制服套装并佩戴相应的首饰配件，这样使得工作环境气氛凝重、认真。在社交场合，英国人的穿衣打扮则始终是以自我扮演的公众形象而设计的，他们通过着装来展示自我意识。男士们以着装来显示其地位、权力、自尊以及魅力，女士们也通过着装来显示其性感、气质和魅力。在他们的观念里衣着对社交活动的成功与失败起着举足轻重的作用。日常生活中休闲或外出旅游时则以便装为主，他们认为那样才能真正回归自然，充分放松，悠闲自得，因为休闲便装功能性强、舒适随意。英国人在工作、社交、休闲这三大不同的场合下泾渭分明地穿戴各类服饰。

※ 饮食

* 饮食文化

英国是一个多元文化并存的社会。你不仅可以接触到来自全世界的人，也可以享受各地美食。除了英国本土食物：fish and chips、cream tea、jacket potato、cheese cake、traditional English breakfast……以外，还有各色土耳其烤肉、意大利面食、墨西哥馅饼、西班牙肉菜饭以及印度咖喱等可供选择。大型超级市场供应来自世界各地的蔬菜、水果、调料，而社区小商店则出售各国特色食品。在餐馆吃饭花费较高，人们更多地选择自己在家开火做饭，卫生又省钱。随着人们对食品及烹饪的兴趣越来越大，烹饪节目也越来越受欢迎，厨师也已成为社会名人。其中许多人，例如 Jamie Oliver 已经成为英国家喻户晓的人物，并在电视上主持自己的烹饪节目，普及新的菜肴。众多不同文化和不同少数民族的节日活动也促进了诸如加勒比、西非等不同烹饪风格的流行，例如伦敦 South Bank 会不定期举办特色美食节。

在英国，上班族的午饭时间前后只有一个小时，而在学校，尤其是大学在排课表时，更是很少把午饭时间考虑在内，一节课也许是从上午 11 时上到下午 1 时，也许是从中午 12 时上到下午 2 时。因此，英国人的午饭也是最简单的，往往是一个超市买的冷三明治解决问题。刚来英国的留学生很难适应，抱怨也由此而来。也有人说是英国传统的早餐比较丰盛，因此到了中午不需要吃这么多。

* 食品

如果在求学期间自己烹饪，你会很高兴地发现英国商店里卖有种类繁多的异国食品。当然这可能是因为英国人本土食物过于单调，所以能广泛接受其他口味的食品。此外，超市里面有大量的半成品，只要微波炉加热就可以了，非常方便。

① 英国超市的食品种类介绍：

- 英国常见的蔬菜，比如西红柿、蘑菇、洋葱、土豆、西兰花、生菜、黄瓜、胡萝卜、青椒和芹菜相对便宜一些；白菜、油菜等也可以在大型超市中看到，价格较其他蔬菜略贵。

- 鸡蛋、海鲜在英国的超市均有销售。

- 鸡肉与猪肉价格便宜，牛羊肉、鳕鱼、三文鱼略贵。

- 葡萄、橙子、草莓、香蕉、樱桃、猕猴桃、蜜瓜、西瓜、苹果、蓝莓等水果物美价廉。
- 奶制品是英国最便宜又最好吃的食物，牛奶价格甚至低于矿泉水，与牛奶相关的如巧克力、酸奶等产品也很便宜。
- 超市一般有烤鸡、烤肉等熟食出售，也有一些半成品可供选择。
- 各种面包、蛋糕很多，印度薄饼以及消化饼干也很常见。
- 冷冻食品和罐头在英国有很多种类，且价格十分低廉。
- 各种调料、米面以及意粉等一应俱全。
- 新鲜果汁、酒水非常齐全，但买酒需要 ID。

② 英国超市简介：

在全国大型连锁超市如 Tesco、ASDA、Iceland、Morrisons、Sainsburys、Marks & Spencer(M&S) 处可购买各类食品以及日用品。不同的超市根据其消费人群的不同，在价格与质量上也有所不同。Tesco, ASDA, Iceland 的产品价格低廉；而 M&S 的顾客群集中在中产阶级，所以商品价格较高，以品质上乘著称。大型连锁超市一般都可以网上购物并送货上门，并在晚间对新鲜食物会有较大幅度的折扣。

较大的超市会出售来自世界各国的食物，其中有一些中国食品。如果想品尝更多品种的中国食物，就要去各地的中国超市了。在中国节日期间，伦敦唐人街还有出售各种节日特色食物，例如端午节粽子。

③ 英国超市网站链接：

- Iceland www.iceland.co.uk
- Tesco www.tesco.co.uk

- ASDA www.asda.co.uk
- Morrisons www.morrisons.co.uk
- Waitrose www.waitrose.com
- Sainsburys www.sainsburys.co.uk
- Marks&Spencer www.marksandspencer.com

* 饮食方式

① 学校自助餐：

在英国，各大学和部分规模大的中学都有自己的食堂，早、中、晚供应自助餐。自助餐的好处是品种比较多，学生可以根据自己的口味和经济情况选择。价格上校方还对学生多少有些折扣， 但一天5～10英镑的饭费对大多数中国留学生而言，恐怕仍然不菲。

② 包餐寄宿：

近年到英国留学的中国人，有不少是住在英国人家里，这样既可以练英语又有助于了解英国文化。包餐寄宿比不包餐寄宿差不多每周要多收费30英镑左右。包餐式的寄宿家庭通常周一到周五提供早餐和晚餐，周末则包括三餐。英国人的早餐是最引以为豪的，传统的早餐包括果汁、牛奶、麦片、玉米片、面包、黄油、果酱、香肠、煎鸡蛋、酸奶以及水果等，极为丰盛。无怪乎有个笑话说在印度和中国菜进入英国之前，英国人每天最希望的就是吃三顿早餐。不过，现在英国家庭平时也就剩下最基本的几样了。英国人的正餐一般包括荤菜（烤鸡肉或煎牛排）、素菜（煮烂的青豆、胡萝卜或菜花）以及主食（土豆泥或面包）等。

③ 搭伙做饭：

中国学生恐怕适应不了以土豆为主食的英国饮食习惯，所以既实惠又可口的办法当然还是自己下厨。一个月用不了100英镑，就可以吃得舒舒服服。不过在国外，自己做饭也是有很多学问的。住在英国人家里，如果想开火，在签租房合同前一定要说清楚。有的英国人不喜欢油烟，所以会禁止你炒菜。住在学校则要好一些。英国的学生公寓通常是几个人共住一套楼房，各有各的卧房，共用厨房、浴室和卫生间。外国学生一般不太做饭，这就给了中国人充裕的时间煎炒烹炸，最后别忘把厨房收拾干净就行了。这里要特别指出的是，英国厨房一般没有抽油烟机，即使有也吸力不大，而火警探测系统却非常敏感，所以做饭时一定要注意通风。

※ 住宿

在英国，不同的学生对不同的住宿要求有着各种各样的考虑。

* 租房要素

通常租房要考虑的有以下几个要素：价格、位置、房间质量、入住时间。

① 价格：

英国大学宿舍的租金一般在同一城市里面属于中等偏高。在校外可找到比学校宿舍更便宜的住处。但如果在校外找的房子离学校太远，那么有可能要增加交通费用，或者是每天疲于奔波。

② 位置：

英国大学的学生宿舍大部分就坐落于校园中，或者在校园附近，步行就能到校园。即便宿舍远离校园，也会有班车或直达的公交工具。如果自己在校外租房，那么最好是就在校园附近，要么离地铁火车站很近，或者是在学校班车的中途停靠站附近，总之交通要方便。

③ 房间质量：

质量不单指房间的大小和方向，还有其他一些很重要的附加内容。英国的房子大多结构老化，会衍生出不少问题，如漏水等等。无论是学生宿舍还是校外住房，常有价格一样大小迥异的状况，一定要实地考察后再做决定。

④ 入住时间：

听上去这似乎不是什么重要的事情，但不考虑的话，可能会出大问题。英国大学在给新生发录取通知书时，都会同时寄出入住学校宿舍的申请表。留学生的申请都会被优先考虑，因此如果中国学生事先申请了学生宿舍，那么到达英国之日就能入住。如果打算在校外租房住，最好是请已在英国同一城市的朋友帮忙在学生本人抵英之前就租好。如果打算抵英之后再租房，一定要事先将旅馆订好。

* 住宿种类

在收到录取通知书之后，我们建议尽早安排、确定住宿。以下是几种可供选择的住宿类型：

① 学生宿舍 Accommodation：

在收到录取通知书后，学校就会将学校宿舍的有关信息和申请表寄来，并优先安排国际学生第一年的住宿。学校宿舍根据地区不同，费用约为每周 80～180 英镑不等，伦敦以及部分地区较贵。

英国大学的宿舍基本为公寓式的，有多间卧室，每室自带一卫生间，公用厨房等设施，其方便之处在于水电煤气等都包括在内，并提供上网和内部电话，有些还会安排专人定期打扫公用地方。入住学校宿舍也有机会接触来自英国及世界各地的同龄人，是练习口语、结交朋友和了解异国文化的好机会。虽然一些较大型的学生宿舍带有食堂，但是更多的中国学生还是喜欢自己做饭。住学校宿舍可能会有一定缺陷，比如遇到喜欢听吵闹音乐或者喜欢在周末开通宵聚会的室友。遇到这种情况，可以适当地向同学提出意见或者向学校宿舍管理人员反映。

若打算更换宿舍，首先应当检查所签的合约。合约上可能签的是一学期，或是一年。你可以去找有关的负责人，向他解释你为什么要搬宿舍，及要搬到哪儿，看看他们怎么说。也许你可以取消合约，那么可能你就拿不回订金了。

② 寄宿 Host family or Home stay：

寄宿是指留学生租占房东家的一间卧室，是租房中比较贵的一种形式。有的房东会提供一日三餐，有的就只包早餐，还有不提供饮食的。租这种房子的好处是比较有家庭氛围，能更好地了解英国人的生活方式，同时也对英语的听说能力的提高大有裨益，对于不会或者不善做饭的留学生尤其合适。

寄宿的缺点在于需要适应房东家的生活规律和习惯，不能随便带同学回家等。有时候提供饮食的房东不允许留学生自己做饭，所以在饮食上可能会有不适应。如果自己烧饭吃，需要考虑英国人不喜油烟的习惯。如果对寄宿家庭有特别要求，可以提前与学校联系商量，让其及早安排事宜。

③ 合租住房 Rented flats & houses

合租是最常见的住宿方式，多数学生都会选择几人合租来节省开支。最难租房子的时候是八九月份，那时毕业生都涌入市区，因此被人戏称为英国的“找房节”。

在校学生可以和学校的 Accommodation Office 或者国际学生办公室联系，索要房源清单，其中会注明房子概况。

同时学生还可以从学校的图书馆、布告栏、中国学联和当地报纸找到出租房屋的广告，也可以通过当地房屋中介寻找合适住房，但一般条件较为苛刻并收取一定中介费。和房屋中介打交道的基本原则：在没有签字成交之前不要付任何费用。

寻找合租住房需要考虑的因素：

① 双层玻璃（Double glazing）：因为英国的冬天室外温度较低，双层

玻璃保暖性能比较好，而且有更好的隔音效果。

② 供暖设备是用煤气还是用电：预付插卡用电的方式相对较贵。

③ 室内家具情况：尽量寻找基本家具配置齐全的房子，否则自己购买新家具会比较贵，且搬家时还需要处理家具。

④ 厨房内的电器：一般的厨房里都会提供炉子、烤箱、冰箱、微波炉等电器，有的甚至提供电水壶和烤面包机。英国厨房的排烟扇一般都是为油烟较少的西餐设计的，所以炒菜时一定要关好隔烟门，否则灵敏的火灾报警系统很有可能引来救火员，那就会很尴尬了，情节严重还可能被罚款。

⑤ 洗衣机：如果不提供洗衣机，就需要去外面的洗衣房了。

⑥ 卫浴设施：如果有四五个甚至更多的人同住，房屋内有两个厕所会比较方便。

其他需要考虑的因素：

⑦ 房东是否可靠可信：一般学校提供的房源名单中有可能是与学校合作比较久的房东会相对可靠。

⑧ 押金问题：押金一般为1~2个月房租，在退租时是否可全额退还。

⑨ 住房环境问题：房屋附近的社区是否安全，是否有超市或者便利店，交通是否方便，离学校远近距离等。

⑩ 水电、煤气、电话费、上网费、电视执照费等：大多数房子是不包括这些费用的，要向房东了解如何交这些费用，费用的起算日等细节问题，与合租的人商量如何合理分摊费用以及保持房屋卫生等问题。

⑪ 房屋税（Council Tax）：如果所有合租人都为学生，可免交房屋税。

⑫ 暑期价格（Summer Price）：暑假几个月可能会有房价折扣。

⑬ 签订协议：在确定入住后，需要和房东或者中介签订一个协议，并要支付押金。按照英国法律规定，租房合同必须至少6个月。6个月内，如果退租，要提前1个月通知房东。协议中应当包括：租期开始的日期、房租价格、租期到期日期、房客的租期是否固定、重新审查房租的日期、付款频率（周、月或年）、房东可提供的相关家具和服务，例如家电维修等、如果其中一方希望提前终止合同，所需要提前通知的时间周期。英国法律要求房东必须于28日内提供包含以上信息的协议，否则房东就会面临罚款。如果你在苏格兰，你可以直接到Sheriff Court终止这份租房合同。

⑭ 退房：在搬离租房时，应移除私人物品和垃圾，并按照房东要求将房屋打扫干净（一般要求达到可直接再出租的卫生条件），将房间还原到自己看房时的状态，将应付的水电煤气等费用付清，以确保押金的退还，避免被扣除清洁费用。

英国常用的找房网站：

http://www.gumtree.com/

http://www.findaproperty.com/

* 临时住宿

如果打算提前到校或到英国后再寻找长期住所，则需要事先联系临时住所。学生可以请学校的住宿办公室帮助预订，也可以联系当地的青年旅馆或酒店。

青年旅馆（Youth Hostels）：提供短期住宿，租金较便宜。如果打算出去旅行，青年旅馆是个不错的选择。如需获得详细资料，可以向青年旅馆协会（Youth Hostel Association）咨询。

查询网址为：http://www.yha.org.uk。青年旅馆住宿费一般为10～20英镑（18 岁以上），伦敦则从 18 英镑起。此外，许多青年旅馆均为大房间，多人共住，注意保管好自己的财物。

B&B：即 Bed & Breakfast，对于学生来说是外出旅游或者临时住宿的最佳选择，费用约为 20～30 英镑，伦敦地区略贵。各地 B&B 旅馆清单、联系方式及网上订房，请访问：http://www.visitus.co.uk 。

※ 旅游

留学英国，最好可以领略一下英国以及欧洲各地的风土人情。英国国土狭小，但是却有着多种自然风光，例如北部秀美的湖区，南部侏罗纪海岸等。而伦敦、牛津、剑桥等城市历史悠久，人文气息浓厚更是值得一去。

* 交通

英国的公共交通十分发达，对大部分人来说，自己驾车并不是必需的。在英国境内旅行可以有多种选择。飞机航班快捷但昂贵，长途汽车便宜但花时间太多，所以大多数人选择铁路。

① 乘飞机旅行：

英国伦敦的五个国际机场

- 希思罗机场（Heathrow Airport），机场代码 LHR，位于伦敦城西部，距离市中心 15 英里，是欧洲最大的机场。希斯罗特快列车 Heathrow Express 每 15 分钟从 Paddington 车站发车，15 分钟就可到。地铁可乘 Piccadilly Line，到市区要 50 分钟。此外还有机场 AIRBUS 到市区。牛津可乘长途车 The Oxford Express，70 分钟时间。http://www.heathrowairport.com/
- 盖特威克机场 Gatwick Airport，机场代码 LGW，在伦敦城南 28 英里，可乘从 Victoria 车站出发的 Gatwick Express 火车前往机场。

此外连接 Gatwick 与 Heathrow 的汽车有 Speedlink，约 60 分钟，费用 17 英镑。http://www.gatwickairport.com/

- 伦敦城市机场（London City Airport），机场代码 LCY，距离市中心 6 英里。在 Liverpool Street 车站有前往机场的公共汽车。http://www.londoncityairport.com/

- 伦敦斯坦斯特机场（London Stansted Airport），机场代码 STN，在伦敦城东北 34 英里。在 Liverpool Street 火车站乘 Stansted Express 专线火车可前往机场；在 Victoria Coach Station 乘 Jetline 长途车可前往机场。http://www.stanstedairport.com/

- 伦敦卢顿机场（London Luton Airport），机场代码 LTN，位于伦敦城北部。是英国 Easyjet，Monarch 和 Britannia 航空公司的基地，有飞往英国主要城市及欧洲度假城市的航班。可在 King's cross 火车站乘 Thameslink 火车前往机场，需要 30 分钟，费用 10 英镑；或在 Victoria Coach Station 乘 Green Line 长途车前往机场。http://www.london–luton.co.uk/

英国其他主要国际机场坐落于是卡地夫（Cardiff）、爱丁堡（Edinburgh）、格拉斯哥（Glasgow）、贝尔法斯特（Belfast）、曼彻斯特（Manchester）、伯明翰（Birmingham）和阿伯丁（Aberdeen）。

以上所有英国机场彼此之间开有航班。随着廉价航空公司的兴起，和英国火车传统的高票价相比，英国境内的短途飞机航班票价有时甚至更低。但廉价航空公司通常使用较偏远的机场，飞有限的城市，航线较少。主要的廉价航空公司有 Easyjet、Flybe 和 Ryanair, 通常可以直接在公司的网站上购买到价格便宜的机票，或季节性的打折机票。航班上不提供免费的酒水点心，如有需要也可以在机上购买。另外，乘客也不会被安排到固定的座位，如果想坐个好座位就需要尽早到达登机口排队。

部分航空公司网站：

http://www.easyjet.com/

http://www.ryanair.com/

http://www.flybe.com/

http://www.startravel.co.uk

购买旅游套餐（机票及酒店），可参考：

www.lastminute.com

www.ebooker.com

www.expedia.co.uk

② 铁路旅行：

在英国，火车是最快捷、舒适的交通工具。英国的铁轨由Rail Track公司拥有，而铁路服务分给几十家公司，所以你住在英国的不同地方，坐的火车都不同，但他们有统一的运作规范，火车票也是全国统一样式。

如果你经常坐火车，就一定要买一张青年火车证（Young person rail card），有效期是一年。2013年火车证的价格是28英镑，网上购买有折扣（http://www.16-25railcard.co.uk/online）。持有这张火车证，可以在购买车票时节省1/3的票价。注：每年随着英国物价上涨，青年火车证会有1镑的涨幅。

在工作日的早上9点之前坐火车都会比平时贵很多且不可用火车证。要是没有急事，尽量避免在工作日的9点前坐火车。

英国的火车票价都分单程（Single）和往返（Return）两种，而往返车票比单程车票只贵一点。所以除非知道自己不回来，买往返票是合适的选择。有些较长的旅行还有5日往返票和20日往返票可供选择。如果确定了行程，最好可以在出发两周前购买车票，这样通常可以享受不少的折扣，并且买得越早价格越便宜。此外，四个人以上一起乘坐火车还可以购买团体票（Group ticket），这样四个人只需要付两人的票价。

网上查询火车时间以及预订火车票网址：

www.nationalrail.com

www.nationalrail.co.uk

www.thetrainline.com

③ 长途汽车：

英国的公路网发达完善，长途汽车的覆盖面大大超过铁路系统，价格相对便宜很多，但舒适性较差。如果你要去的地方较偏僻又不是太赶时间，可以搭长途汽车。

National Express是英国较大的长途汽车公司。近年兴起的廉价长途汽车公司Mega Bus只跑有限几个大城市之间的长途，但价格非常便宜，需要在其网站上订票才能上车。最近开通的Mega Train服务，类似于Mega Bus，价格非常便宜，非常适合喜欢乘火车旅行的朋友，但通常需要提前很长时间预定。

网上查询长途汽车时间以及预订汽车票网址：

http://uk.megabus.com

http://www.nationalexpress.com

④ 骑自行车：

如果你打算在英国骑自行车，可能的话可以参加“熟悉在英骑车情况的课程”。这些课程有时由地方当局提供。他们将告诉你如何安全地骑自行车，因为在英国大部分城市没有自行车专用道。此外在英国骑自行车，你可能会被要求穿戴全套的防护用具，包括骑行服、头盔、照明灯等等。这对于已有多年骑自行车经验的你来说似乎有些可笑，但请注意，千万不要存在侥幸心理，一旦被交警发现你的设备不符合规定，特别是在交通繁忙的地区，你可能会面临不同程度的处罚。

为迎接2012年伦敦奥运会，伦敦市政府推出了租赁自行车的服务。你可以在伦敦交通网 http://www.tfl.gov.uk 上查询各租赁网点以及相关政策。

⑤ 步行：

英格兰、威尔士、苏格兰和北爱尔兰的各个景点和国家公园是步行赏景、健身的理想之地。你可以闲庭信步间尽览英国的优美风景。

* 出境旅游

英国四通八达的航空、海运、公路及铁路网络将其与世界各地紧紧相连。英国是前往欧洲其他国家的理想之地，既方便又便宜。你可以乘坐飞机、渡轮或通过海底隧道的火车前往欧洲大陆。学生能获得多种折价优惠票，本地学生会可以提供有关学生特价票的情况。例如，一个很受欢迎的环游欧洲方式是一张铁路通用卡。持有该卡，你就可以按固定票价一个月之内旅行二十四个国家。英吉利海底隧道使你可以乘火车前往巴黎和布鲁塞尔。

欧洲申根签证（European Schengen Visa），源于1985年6月14日在卢森堡申根城签署的一份国际公约。随着欧盟国家一体化进程的发展，申根协议国也不断增加。目前申根协议国的范围，覆盖了西欧、中欧、北欧和南欧等25个国家（德国、法国、荷兰、比利时、卢森堡、意大利、奥地利、希腊、西班牙、葡萄牙、丹麦、瑞典、挪威、芬兰、冰岛、瑞士等）。持申根签证可以在欧洲任意申根国家短暂停留。最长可停留期限为90天。

从英国去欧洲大陆其他国家还是比较容易的，可以直接去各个国家驻英国大使馆的网页上查询，上面有最新最权威的资料与信息，照着要求做就不会出现问题。各个国家对申根签证的要求和手续有一些细微的差别，但大同小异。主要有以下材料：申请表格、护照、照片、有效期3个月以上的英国签证、银行存款证明、旅行计划、往返机票或车票、旅馆预订确认信或亲友邀请信（亲友在当地警察局领取表格，填写完成后盖章寄给你）、保险、签证费。

去一国旅游：只需前往该国使馆申请“single entry”，滞留周期取决于旅游行程或邀请信。

去多国旅游：需前往第一入境国使馆申请“multi－entry”，滞留周期取决于旅游行程（至少3国以上）或邀请信。

※ 银行开户及银行用语

异乡求学，往往耗资甚巨，在此情形下，如何选择一家方便、管理佳、可信赖的英国银行，来达到事半功倍的效果便成为一件非常重要的事。英国的金融体系发展相当的先进且复杂。以下将简单介绍英国的银行系统和一些开户前后应注意的事项。

* 英国银行服务简介

英国银行主要有 Barclays Bank、Bank of Scotland、Royal Bank of Scotland、HSBC、Lloyds National Westminster （Nat West）、TSB Bank、Clydesdale Bank、Ulster Bank、Isle of Man Bank、Coutts、Northern Bank、National Irish Bank、Bank of Ireland、Abbey National, 和 Halifax 。

银行的营业时间一般约为除公众假日以外的星期一至星期五，早上九时至下午五时。（一些规模较大的网点也会在周末营业，但是所提供的服务种类会受到限制。）

银行账户种类大致可分活期存款账户（current account）和定期存款账户（savings account）两种。活存账户存款利率低，但可随时开支票或提领现金。定存账户一般定有条款，有最低金额限制，有的提供和活期存款一样的转账、支票簿项目。若要提款则需提前九十天或三十天告知（亦有随时可以提款的 instant access），否则要罚款，但利率较高。

学生账户(student account)属活存账户的一种，一般只有全时生(full-time student）有资格申请。其他活存账户还有支票账户（cheque account）、现金提款卡账户、电话存款账户（telephone banking）和邮政存款账户（postal account） 等等。

* 开户注意事项

银行开户最好通过网上查询和请教一些已在英国待过一段时间的中国留学生，以获得一些信息作为选择标准。以分行多少为例，在英格兰 Nat West 和 Barclays 分行较多，在苏格兰则以 Bank of Scotland 与 Royal Bank of Scotland 为主。方便办理日常存取业务是选择银行的重要条件。

另外也要考虑利率，每家银行提供的各式账户、利率条件均不同，可参酌个人需要。除此之外，对学生提供的相关服务也很重要，有的银行在某一范围内，自动给予学生免利息的透支额度；有的银行申请信用卡较易，这些都是申请时必须一并加以考虑的。

除此之外，部分银行的新规定也是同学要注意的，以 HSBC 而言，如同学若是无法证明自己的修读课程超过两年或是两年以上，或是同学已在其他银行开户者，通常无法在该行开户；Barclays 银行目前会向海外学生账户定期收取每月 5 镑左右的管理费。有必要说明的是，不同银行在英国的公众信用度不同，因此你手中持有的银行卡，在某些情况下很可能代表着你的个人信用度，比如签订手机合同等，建议将这一点列入考虑范围。总体而言，英国银行存款利率较低，所以国内存款得利息的方式并不是很适用。但是目前各家银行也在不断提供名目不同的让利活动，且变动较快，建议亲自去各银行咨询并随时关注各家银行的官方网站。

一般而言，目前学生开户后，一至二周内可领取到一种“三合一”卡，即提款卡（cash card）、转账卡（debit card） 和支票保证卡，外加支票簿（cheque book）及存款簿（pay-in book），以及到提款机取钱所必需的个人密码（PIN）。近来有同学首次开户后提款卡及私人密码数据中途被他人截收，而遭存款被盗领之不幸事件，同学最好选择亲自去银行领取提款卡。

最后需要说明的是，同其他很多事情类似，在英国开办银行账户需要提前预约。以 Barclays 银行为例，你可能需要亲自去某个支行，或者致电客户服务中心，提出你的申请，他们会安排专向负责海外学生账户的工作人员和你商定面谈的时间。

* 其他注意事项

① 信用卡（Credit Card） 申请：

这几年申请信用卡虽容易些，但仍可能被拒绝。学费未缴清、存款不足（两千英镑以下）、在英期限短、无财务数据或是住址令人怀疑都可能是原因。在英国进修时间较短的同学（包括一年的硕士课程与短期语言进修课程），银行通常不太愿意提供信用卡。进修时间较长的同学，可考虑申请当地信用卡。

② 缴税 （Tax-free Interest）：

开户时记得同时申请免付税，英国规定学生在存款发放利息时可免付税。

③ 透支（Overdraft）：

大部分的英国银行不提供透支额度，特别是开户后两三个月内。但部分银行如 Nat West、HSBC 和 Barclays 顺利开户后，会有一定免利息的英镑透支额度（一般在一千至两千英镑左右），但不想要此优惠的必须在申请表上特别注明，以免不知情下溢领。透支超过一个月不偿还需要向银行支付高额利息。

④ 支票 （Cheque）：

英国的票据交换至少需四个工作日，例如周一开出的支票周四扣款，周一存入的支票周五可提领。

跳票（Bounced / Unpaid cheque）在英国并不列入信用征信公司的资料，除非那是付每月贷款或是行动电话的款项，不过银行都会留有纪录，对于日后申请透支可能会有影响。如果周转不灵而有跳票之虞，必须立刻通知银行止付特定的支票（有财务纠纷的交易亦可以比照办理）。

⑤ 结束户头 （Close Account）：

同学学成归国，想要把户头关掉时，别忘了及早向银行提出申请，手续约一周可完成。

⑥ 银行账户被盗：

当你发现账户被盗后，第一个要去的地方，不是警察局，而是银行。去你账户所在银行，告诉 banker, 让 banker 给你进行 account details 检查，他会把你账户交易记录全部打印出来，然后你把不是你的交易记录画出来，然后 banker 会在你所勾画的那几笔交易记录旁边，写一些东西，证明这个交易是属于 Fraud。之后，带着这份单子去警察局，简单描述下情况，然后把这份单子给他，警察就会立刻帮你立案。当拿到警察局的 Report 后，首先记得检查：（ⅰ）警察局的电话；（ⅱ）警察局的地址；（ⅲ）Reference Number。然后，再把这份 Report 给银行，银行会把你的资料、问题、Report 一起发给 Head Office。过几天后，如果银行那边调查清楚，确实不是你的交易，那么，他们会从那些公司那里，把你被扣的钱取回来。

⑦ 网络或电话银行：

现在几乎每家银行都开有网络和电话银行。在你开户之初，工作人员就会询问你是否要开设网络或者电话银行，这些服务项目都是免费的。相比较之下，网络银行比较安全且方便，你可以不受银行开门时间，转账限额等的限制，相对比较自由。如果你同意开通网络银行，仍以 Barclays 银行为例，银行会邮寄给你一张会员卡，你需要按照上面所提供的信息通过电话与客服取得联系，核对信息以激活你的网络银行账户。之后会再收到一张五位的安全码，用以登陆你的网络银行账户。此安全码牢记之后建议销毁。最后你还需要设定一个登录密码，每次登陆网络银行账户时这些信息都将被查询。如果无法正确填写，你的银行账户会被锁定，届时便需要你亲自打电话，通过提供你最初与银行设定的安全信息核对确认你的身份来解锁。

⑧ 变更修改信息：

如果出现银行账户被侵入，被锁定，或需要修改一些重要的个人信息，安全密码等，这些在银行的前台是不能解决的。你必须打指定的号码到相应的客户服务机构，确认身份之后方可更改。你可以使用银行网点内部的电话，这些服务都是免费的。

※ 手机

在英国购买手机通常分为：SIM only（只有手机卡），手机以及 SIM 卡（合同制 Pay Monthly），Pay as You Go（无合同，充值型）。

* 商店签手机

商店里签手机需要材料：

① 银行卡（任选其一）：

- 英国本地信用卡 （Visa/Mastercard）
- 银行卡（Debit Card ）

注： 如果没有银行卡， 一般商家要求你提供押金。押金视你个人信用程度会被扣留不同的时间，如三个月等。之后你可以选择直接退回或抵销你的手机账单。

② 地址证明（任选其一）：

- 账单（水，电，煤气，固定电话单）
- 银行对账单（Bank Statement）
- 英国驾照（Provisional License 也可以）
- 家庭税（Council Tax）

注：以上资料日期在三个月之内。

签手机合同的过程通常由个人信用度测评开始。店员会要求你提供姓名，在英身份（学生等），银行卡，住址（有时不需要证明，但是不得少于三年，否则成功率会降低。）等信息。很多因素都有可能降低你签订手机合同的成功率，如来英（在英剩余时间）时间较短，身份（学生不及工作身份），银行信用度，本人拖欠过账单或所居住的地址之前有人拖欠过账单，要签的手机等级，合同期长短等等，非常多。

* 网上签手机

网上签手机必须要有信用卡，一般从你账户直接支付月租。某些网站需要签约者在英国居住三年或者三年以上。如果你在现在居住处居住时间太短，而且你觉得自己的地址所处区域不是很好（信誉较低），如一些流动性较大的地方，学校的宿舍，地址过于烦琐，新建建筑等等，网上签手机的成功率会降低。

* 手机网络

- Vodafone
- O2
- T - Mobile
- Orange
- 3G

* 电话号码分类

手机电话公司收费的标准主要由你拨打的电话号码所决定。英国的电话号码分为几类：（1）座机（landline）；（2）手机（按照不同网络区分）；（3）特别号码：0870（10P/分钟），0800（25P/分钟，通常这个号码对座机免费，所以建议尽量用座机拨打），0900（1英镑/分钟，通常是聊天号码或者是使馆预约电话）。

* 手机收费分类

手机大致有两种收费方式：

① 包月方案（Pay Monthly）：

每月交纳一定费用，电话公司则提供一定量的免费通话时间，超出部分按通话量计费。英国的电讯商开始实行包月制度较早，已形成一个完善的体系，各大服务商之间的竞争也是非常激烈的，所以在你选择一个适合自己的月租之后，可以获得一部免费的手机。见表2—1。

表 2—1

月租分类		
时间	Anytime	每月分配的免费时间可以在任何时间使用。这种方式一般较贵。
	Off peak	主要针对下班后使用的，一般在星期一到星期五晚上 7：00 到第二天早上 8：00 以及周末全天打便宜。这种相对 Anytime 方式便宜些。
网络	跨网络	就是打任意公司的手机或座机都可以算在免费时间内，当然月租较贵些。
	非跨网络	只有拨打相同的 network 号码算在免费的时间内。很多公司提供通网络内免费时间的优惠政策，但并不是每一家公司，每一类合同都包括。具体信息应在签订合同前仔细确认。较常见的手机对座机（或座机对座机）免费时间主要集中在非高峰期（如夜间）以及周末，具体信息同样需要向手机公司查询。

注意：

- 在非免费时间拨打电话比较昂贵，尤其是跨网络电话，一般一分钟为 30 多便士。
- 并不是免费时间内拨打所有座机都免费，一般来讲英国 National Number（01，02 等开头的常规号码），即拨打当地区号的号码是免费的，其他的要具体查询手机公司提供的信息。
- 取消手机合同。

如果在购买手机后的 14 天内你想取消手机合同，你可以直接去店里取消（如果你在店里买的），或者把手机邮寄回去（如果你在网上买的）。14 天以后合同期满以前，你可以打电话（在英国）

取消手机合同，但是根据合同，你必须付清尾款。有人建议说可以直接取消你签手机的银行账户（direct debt），但是以后这个公司的手机你再也签不出来，如果你将来想要移民或者申请永居，对你的信用非常不好。

如果你合同将要或者已经结束，你可以写信或者打电话给运营商要求在英国取消手机合同。不过你必须在期望合同结束的时间，至少提前 30 天通知运营商，这样才能不收取任何额外费用而取消手机合同。另外，如果是写信取消的，请一定打电话确认；打电话取消的，记得问一下对方的姓名 / 工号，以防万一，现在骗子太多了。取消信的内容一般要包括：姓名、地址、手机号码、取消日期、取消原因。

② 即付即打 （Pay As You Go）

你不用交纳任何费用，向电话公司买个手机卡（Sim 卡）之后充值就可以使用。在打电话之前， 你必须先向你的电话账号内存钱，可以通过购买电话公司的电话卡（Voucher） 或通过现金卡转账。这种服务没有时间限制。

* 保险

保险一般是每个月多交大概 5 英镑，保险公司承担你手机的保险，包括被抢、被盗、意外等等，请大家注意参看详细的合同清单，因为有些不良保险公司会故意出一些噱头，真正到有问题的时候找借口推托。

有时候签了包月合同就可以得到免费的英国手机保险，时间为 1~3 个月，可以提前一个月写信或者打电话给保险公司，要求满 1 ~ 3 个月那天取消这个英国手机保险。如果你忘了，可以在 first direct debit date 提前一两天都可以 cancel 掉。 同时把银行的 direct debit 取消。地址和电话请查看 welcome

包里（英国手机保险公司给你的那个）的保险说明。

这里需要注意的是，大多数的保险对于你的丢失是不会赔偿的，因为他们认为，投保人有义务小心谨慎地保管自己的手机。例如，你在大街上逛街的时候，手机在皮包或者口袋里丢了，这是不属于保险范围的。通常他们认定的是那些不可抗力而产生的损失才属于被保险范围，如 盗、抢、地震、火灾等等。

※ 长途电话

* Vodafone, T-mobile,Virgin 等手机打回中国

英国境内电话无长途、市内之分，通常情况下收费标准一致，但仍需具体参考电话号码种类。如需拨打偏远地区或苏格兰、北爱尔兰等地，收费标准可能有所差别，请向当地电话公司查询。

Vodafone, T–mobile， Virgin 等网络，可以发短信购买国际长途信用值。

首先，使用手机发送短信 “1PCALL” 给 83006 （充值 3 英镑），或给 80550（充值 5 英镑）。之后会收到两个确认短信，提示已经从您的短信业务中收取了 3 或 5 英镑，可以使用你拥有的 3 或 5 英镑的信用值。

然后就可以用这个手机拨打号码 0207－124－6666（此号码任何公司签约手机都可以用免费时间拨打，不额外收费，只扣免费时间），拨通后会有提示音告知你的余额，然后直接拨国家码＋长途区号＋电话号码就可以了。

请注意： 由于这种充值方法不会产生 PIN 码， 所以只能用注册的手机（ 即发送短信的手机） 拨打国际长途。对于用 Pay as you go 的人， 也可以用以上方法充值。

注：此类方式可能在本手册发布之时有所变化，所以仅供参考。

* 购买电话卡打回中国

在当地唐人街，你可以买到便宜的电话卡。通常使用较多的是 “talk to

talk”电话卡。配合手机上赠送的免费时间一起使用，打回国的费用比直接用电话打便宜很多。一张面值为 20 镑的电话卡，可以在座机上打回中国 1 000 分钟左右，也可以在手机上使用。

在唐人街买的电话卡一般都是可以打折的，比如一张 20 镑面值的电话卡可以以十二三镑的价格买到。而在大城市的唐人街价格一般比小城市便宜。让身边的同学去伦敦等游玩的时候顺便捎买电话卡也是一种省钱的方式。

* 网络电话

目前的各款即时通讯软件都支持成员之间的语音对话功能，例如 MSN、Skype 等。网络电话是国际互联网上的新科技，它使人们通过网络拨打电话成为现实。同时，利用 Skype 等工具，也可以充值付费后通过互联网直接拨打对方电话。

新兴手机公司：如 Lebara，Leca 等新兴手机公司，因经营者的原因，其市场主要面对国际人士。对于使用客户较多，如中国等国家，这些公司的网络价格非常低廉，通常为 1P（one pence）一分钟。而且这种公司的手机卡使用非常简单，即插即用，无任何合同、密码、验证等要求。你可以随时在网店，甚至是街边小店中花 5 镑钱买一张电话卡，插在你的手机里（只要你的手机可以使用国际卡），就可以和你在国内的家人、朋友联系，非常便捷。但是这些公司往往通话质量有限，你必须有所取舍。在你没有签英国的手机合同，未获得免费通话时间的情况下，这些公司的长途电话卡会是不错的选择。

① 在英国生活的一些电话号码：

- 紧急服务：999

  用于报警、火警和急救。记住告诉接线员你在哪里、你的电话号码及你需要何种服务。

- 接线生：100

  可以用于拨打英国境内的对方付费电话，或在对方有人接听时才开始计费。

- 国际长途接线生：155

  可以拨打对方付费的国际长途，或在对方有人接听时才开始计费。但某些国家没有这种服务。

- 国内查号：192（在 BT 公司的电话亭免费）
- 国际查号：153
- 免费健康服务热线：0800 665544
- 受害者支援服务热线：0845 303 0900 或 0845 603 9213
- 希思罗机场电话：020 8759 4321
- 伦敦出租车（24 小时预定热线）：020 7272 0272（关于出租车，英国分为 Taxi 和 Cab 两种。Taxi 在马路上随时可以招手停车。Cab 则需要打电话到相应的公司预订。建议在确定居住地址后，查询英国警察局相关网站，通过手机短信，发送你的邮编到指定号码，你就会收到来自警察局的你所在区域的拥有执照的注册出租车公司联系方式。这些公司虽然收费较贵，但绝对安全。）
- 地铁查询电话 ：020 7222 1234
- 国家铁路：0345 48 49 50
- 不列塔尼轮渡：0990 360 360
- P&O 轮渡：0990 980 980

- 吉域机场查询电话：01293 535353
- 欧洲之星查询电话 ：0990 300 003

② 邮政服务：

英国的邮政系统非常发达且完善，几乎所有的文件、银行账单、支票，甚至信用卡、护照都是通过邮局来邮寄的。

在英国，递送邮件有四种方式：

- 一等邮件（1st Class Mail）：一等邮件的标准重量为100克以内。在英国国内递送的邮件，费用为46便士，第二天到达收件人手中。
- 二等邮件（2nd Class Mail）：标准重量以内（100克）的二等邮件费用为36便士，通常是在3天左右到达收件人手中。
- 挂号信（Recorded Delivery）：适用于寄送重要文件，发件人可以根据提供的查询号码到邮局或者Royal Mail的网站查询邮件投递情况，费用为77便士起。
- 特快专递（Special Delivery）：适用于寄送重要文件，可保证第二天送达。通常在确保上午9：00之前到达的从15.25英镑起；确保在第二天到达的从5.45英镑起。如出现邮件丢失，可以索赔最多2 500英镑。

通常发往国外的信件和包裹需要到邮局亲自办理，主要为航空邮件（Air Mail），其费用从68便士起。另外为了保险起见，航空邮件可在另外付费后升级为航空挂号信与加急挂号信，费用分别从4.96英镑与5.98英镑起，根据不同的区域和邮件的重量费用不同。

详细信息请参考： www.royalmail.com

小提示：邮票可以从邮局、超市、报刊亭、自动售票机或其他商店购买。

邮局的工作时间：周一至周五：上午 9：00－下午 5：30；周六：上午 9：00－晚上 12：30。部分邮局周日也会短时间营业。

参考网址：http://www.royalmail.com/portal/rm

※ 网络

在英国，互联网是留学生与家人沟通联系、获取信息的最有效途径。初到英国的同学可以在学校图书馆或宿舍免费上网，在外租房则需要自己联系网络供应商签订服务合同。

家庭互联网服务分别有拨号上网“Dail-up”和宽带服务“Broadband”，但由于拨号上网速度较慢已经渐渐被作为没有宽带时的临时过渡选择。

常见的宽带服务供应商在英国主要为：

BT：www.bt.com

NTL：www.ntl.com

AOL：www.aol.co.uk

Tiscali：www.tiscali.co.uk

Bulldog：www.bulldogbroadband.com

Talktalk：www.talktalk.co.uk

Virgin：www.virginmedia.com

O2：www.o2.co.uk/broadband

宽带服务通常需要签订一年的合约，采用月租费的收费形式，通常未满一年而取消合约，仍需付完一年的费用。宽带月租费用通常为 12 到 25 英镑不等，并提供电话座机、手机通话、有线电视等多种组合套餐服务以供选择。

※ 电子邮件

绝大部分英国院校会向学生提供免费的 E-mail 账户以及一定的使用空间，并有充裕的计算机资源供学生使用。在学生完成报到注册并取得自己的用户名和密码后，就可以使用学校的计算机了。需要注意的是，因为学校的通知通常会发送至学生的学校电子邮箱，所以需要经常查询邮件。

※ 驾车

在英国驾车必须备有以下材料：驾照、保险、MOT：即每年必需的年检、路税（Road Tax）：可在邮局购买。

* 驾照

持中国驾驶执照者，如果满足以下条件准备，可以在到达英国国境第一天起的 12 个月内驾驶小型机动车：

- 准备在英国就读 12 个月或少于 12 个月。
- 拥有中国的有效驾驶执照或者国际驾驶执照。
- 在英国学习期间你的驾驶执照将不会过期。

如果你将在英国学习超过 12 个月并打算在 12 个月后继续驾驶机动车，你应该在这 12 个月内申请英国的临时驾驶执照并通过考试。

* 买车

买卖汽车最好的方法是找可靠的经销商（Dealer），当然其价格也比从私人处购买贵一些。如果你已经有车并想换车，在经销商那可以用 Part Exchange 的方式购买，即将车卖给经销商，然后同时购入他们的车。不过，如果要自行处理，不妨参看报纸的小广告，或同刊的 Exchange & Mart 一栏。另外，http://www.autotrader.co.uk/ 也是很受欢迎的一个买卖车辆的网站。

买车之前应弄清楚车辆MOT何时到期以及是否拥有Full Service History。有时车的售价虽低，但是如存在隐患，等车子过户之后，可能在将来要付不少的维修费用。另外，在电话联系好看车时，最好能同时约好具有机械与汽车维修常识的友人陪伴同行，以帮助察看并判断汽车性能，提供宝贵意见。

另外，交易之前，最好在网上对车进行HPI check，以确保此车辆不是被盗车辆，无事故历史等。

※ 社交活动

英国的社会生活丰富多彩。你可以参与这些活动，从而更多地了解英国的社会与文化。英国是一个拥有多元文化的国度，在这里你可以与来自世界各地不同文化的人们交朋友。

很多人也想尝试一下在英国的夜生活。英国有很多酒吧、俱乐部。酒吧几乎是英国人下班以后必去的地方，甚至在午餐时间也很拥挤。对于留学生来说，小酌两杯，放松一下并交些朋友，是体验英国大众文化最好的方式，但是去酒吧或者迪厅时记得带上护照或驾照来证明自己的年龄，否则保安是不会允许进入的。需要注意的是，所谓的酒吧在英国其实也分类型和档次，主要可以分为Bar、Pub和Club。去不同的地方会有不同的着装要求，也会进行不同的活动。但无论如何安全第一。若你想看电影，英国大部分城镇都有电影院；若你想尝试一些新奇的事物，你可以去听一场摇滚音乐。此外，到了英国一定要看一场歌剧，说不定你从此就爱上了英国魅力非凡的歌剧，别忘了你可以享受学生优惠。

全英各地的中国学联也经常组织大小文娱活动，以每年由全英学联主办的全英春晚最具有代表性。加入学联是体验留学生生活和锻炼自己能力很好的途径。通过组织学联的大小活动，你有机会和英国人就活动内容进行协商；就场地费用谈判；还能推广中国文化，可以让你的留学的业余生活丰富多彩。

※ 购物

出门在外，购物将成为你在英国生活中的重要一环，对很多人也是一种享受。除了伦敦市中心的牛津街是全球知名的购物天堂以外，在英国很多城镇都有大型的购物中心，可以买到各种生活必需品及服饰。

购买食物是其中重要的一部分，很多超市都可以买到来自世界各国的食品，选择多样。在一些街市、菜市场则可以买到便宜而新鲜的食品。对中国学生而言，几乎各大城市都能买到中国的调味品、蔬菜水果和其他食品，关键就看你的厨艺了！

你可以在不同风格、档次的商店买到各种衣服，很多商店有价格合理、质量上乘的衣服出售。也可以去一些慈善机构开设的二手商店买到一些便宜的衣服，并讨价还价。英国的天气变化十分频繁，很多人初到英国时，因为不适应这种多变的气候而生病。室内大都有暖气，所以英国人喜欢穿一件大外套里面只穿短袖衫或者衬衫。为此，在衣着方面，我们建议你身边常备一件外套和雨具，同时衣服应穿成多层，方便随时脱、穿，适应温度的变化。

每年圣诞节后和7月份都会有两次大型的促销活动，一般为期一个月左右。在这期间各大商场都会有打折幅度相当大的促销，折扣在3折至9折不等。同时，很多网上商店也会有相应的促销活动，而且网络上会有更广的选择和额外的折扣。另外，英国还有不少折扣店，例如Portsmouth的Gunwharf Shopping Centre、牛津附近的Bicester Village和伦敦附近的Blue Water等，在这些商场里也能淘到不少便宜的好东西。

对于来自非欧洲经济共同体区域的顾客，在离境返回居住地三个月之内购买的商品是可以退回营业税的（VAT， 一般占货款的10%~15%），如果在离开英国前购买大宗商品，如手提电脑等，根据这一条款还是很实惠的。如果你邀请父母来旅游或参加毕业典礼，也可以让他们帮助你退税。具体退税的办理请向商店咨询。

购物分类信息如下：

① 药品：Boots，大部分处方药可以在这里购买，以及感冒、止痛、肠胃药等非处方药。英国大型超市都有简单的药品专柜，主要是非处方药。

② 音像：HMV，英国最大的音像出版物连锁店。

③ 书籍（见学习指南部分）。

④ 电子产品：Currys 网址：www.currys.co.uk 、PCworld：www.pcworld.co.uk、Comet：www.comet.co.uk、Dixons：www.dixons.co.uk 。

⑤ 日常用品超市：Tesco、ASDA、Sainsbury、Morrison、M&S、Waitrose、Iceland、Lidl 。

⑥ 百货公司：John Lewis、House of Fraser、Harrods、Selfridges、Westfield。

⑦ 购物街：Oxford Street、Bond Street、Regent Street、Charing Cross、Jermyn Street、Bicester Village、Clarkes Village、Designers Outlets。

※ 婚姻

* 结婚

因英国政府不承认外国驻英国使领馆办理的结婚登记，为避免给当事人带来不便，驻英使领馆暂不办理结婚登记。

* 离婚

（申请人在驻英使馆登记结婚，可申请离婚登记。）

离婚登记暂行办法：

① 婚姻当事人双方必须为具有完全民事行为能力的中国公民。

② 当事人的婚姻关系在本馆依法缔结。

③ 男女双方必须亲自到使（领）馆申请协议离婚。

当事人须提交以下材料：

① 有效的中国护照。

② 由政府颁发的合法结婚证。

③ 双方就子女、财产及债务问题达成一致意见的离婚协议书（离婚协议书需一式三份），当事人亲自填写并签署《离婚登记申请书》。

④ 当事人在领事官员面前签署离婚协议。协议书由当事人双方各执一份，使馆存档一份。

⑤ 对符合离婚条件的，填写《离婚登记审查处理表》，发给离婚证。

⑥ 注意事项：在当事人所持结婚证上加盖注销章。

03 留英就业指南

全英中国学生学者联谊会以发挥服务作用、桥梁作用、旗帜作用为己任，在日常工作中以广大留英学子切身需求为目标，开展了很多关于就业与创业的活动。全英学联通过努力积极为留学生搭建就业、创业平台，每年都举办国内地方政府及相关机构在英海外人材交流会和招聘会，为留英学子创造更多的就业机会。

Part 1　就业信息获取

学以致用是留学生留学深造的目标，通过自身实践，寻找就业机会，在人生规划中具有更加重要的作用。就业信息获取的途径有：

① 学校的就业服务中心或职业服务中心（career service office）：各个大学会通过职业服务办公室向广大学生提供实习、就业等信息，同时学校会组织与专业相对应的公司、机构进行职业宣讲会，同时利用在线教育系统提供就业信息查询。学校设立了职业咨询中心，专门为学生寻找工作机会提供服务。

② 招聘会：学校与各大公司建立合作，每年都举办一些招聘会，让企业管理人员与学生能进行交流，实现双向选择。许多公司也通过求职培训、就业宣讲会、工作经验分享会向广大学生提供就业信息。

③ 社会团体：在英国有很多社团组织就业咨询会，免费向有需求的学生提供就业信息，如全英中国学生学者联谊会。

④ 书报杂志：学生可利用报纸杂志寻找企业招聘信息，很多报纸都会刊登招聘广告，大量的招聘信息可以为学生提供就业机会的选择。

⑤ 职业介绍中心：英国每个地区都有职业介绍中心，留学生需要提供注册信息和个人基本情况介绍，与职业介绍中心有合作协议的企业，会将

就业信息进行收集筛选，根据实际需求，与求职者取得联系（包含一定比例的中介费）。

Part 2 职业能力培养

根据企业招聘的心态及自身就业目标的定位，需具备一定程度的职业能力，包括：流利的英语口语表达能力以及娴熟的书面写作能力，学校的学历和专业，人际沟通能力，团队合作能力，创新实践能力，处理应急问题的能力，时间管理能力，分散注意力能力，自我约束能力。

根据市场需求和职业定位，学生在选择就业之前，应努力培训自身的职业能力，以应对企业严格的测试、面试和评估。学生应不断学习，娴熟掌握所学知识与技能，包括：英语水平，相关工作经验，出色的个人简历，研究分析，对申请公司进行深入的研究分析，提高自己的面试技巧，巩固专业知识与实践能力（在面试过程中，应当充分体现个人综合能力、对公司的了解及可以作出贡献）。

Part 3 国家保险号码

目前英国政府已经取消海外学生打工需要申请的规定，但是学生需要向当地社会福利局（benefits agency）申请国家保险号码，并缴纳一定数额的社会保险金。如果每周工资超过一定数额，将被要求缴税；如果每年薪资低于一定数额，则不需缴纳个人所得税；如果只限在假期打工，可请雇主向税务局（inland revenue office）索取表格退税，或自行向税务中心申请退税。留学期间，留学生每周打工时间不得超过20小时，除非工作内容与学习课程相关，并与学校达成协议。

办理国家保险号码流程：

① 在job centre根据工作广告卡选择个人喜欢的工作，并将工作编码告诉工作人员。

② Job centre会给你预约面试时间，面试公司名称、地址、联系电话等。

③ 携带资料去social security申请国家保险号码（材料包括：父母姓名、出生日期、国内及国外住址）。

④ 申请成功后，三周内会收到正式的国家保险号码。

注意：学校的international office, career office会帮助留学生提供申请国家保险号码的服务。

Part 4　工作求职策略

- 明确求职目标：根据个人需求及事业规划选择自己的求职目标。
- 制定详细的求职规划：准备出色的个人简历和工作求职信。
- 充分利用社会资源：利用自身的人脉关系及社会资源以达到职业规划需求，可以获得更多的优势和捷径。
- 完善简历投放工作：简历投递出后应及时与目标公司联系，确认受聘情况。
- 行为职业化：进入职场要根据职业要求提高自己的综合职业素质。

* 英文个人简历（CV, Curriculum Vitae）基本结构：

① 个人信息（personal details）：姓名、地址、联系电话、电子邮箱、国籍。

② 教育背景（education）：介绍专业和学校，从时间最近的教育状况开始，

包括学校名称、学位、研究方向、专业技能。

③ 实践工作（work experience）：时间、职位、公司、地点和国家。尽量介绍与应聘公司有联系的工作经验。

④ 技能特长（skills）：计算机办公软件系统、驾驶、语言等各类资格证书。

⑤ 兴趣爱好（interests & achievements）：企业文化与个人爱好的有机结合是企业载体建设的基础。

⑥ 推荐信（references）：注明 available on request，包括导师、前公司经理。

⑦ 奖项（awards）：学习及工作期间获得的各种奖励。

* 求职信

求职信是公司招聘最先预读的个人材料。好的求职信需要强调应聘者的职业技能、工作动机、对公司了解情况、个人成就，是自我展示的直观平台。求职信通常会附个人简历。

求职信内容包括：个人信息、求职动机、对应聘工作的态度和原因，介绍与应聘工作相关的特长、能力和工作经验、自我实现与应聘工作的关系、应聘工作对事业规划的作用。

注意：简洁的语言陈述、正确的写作文法。求职信可以包括对个人简历所提内容的拓展。

* 面试技巧

① 面试前准备：

- 应聘者需明确应聘公司所需的技能、知识和个人能力要求。
- 熟悉应聘职位的工作职能。

- 通过浏览公司网页获取面试有用信息。
- 针对性地延伸并丰富个人简历及求职信。
- 确定面试时间、地点和材料准备（材料包括：申请表、个人简历、求职信、面试通知函）。
- 准备面试衣着。应聘者的整体形象是面试成功的重要因素，个人仪表是应聘者对生活和工作的态度的体现。面试着装以职业正装为宜。

② 面试：

- 面试态度要不卑不亢，充满自信。
- 努力控制陈述或问答时的不利局面。
- 采用适当的肢体语言，丰富陈述时的感染力。
- 调整语速以控制面试节奏，尽量避免涉及自己不熟悉的领域。
- 尽量争取可以展示自己才华的机会。
- 面试结束后对面试官表示感谢。